時空と共に

ボリビア先住民の民話

原作編集者：フェリックス・ライメ・パイルマニ
THOA（アンデスの語り部）
ダニエル・コタリ・グティエレス
サン・ガブリエル　ラジオ放送
訳者：栗原重太

文芸社

目次

はじめに

この本の中の物語は、訳者がボリビアで見て、聞いて、読んで、感じたままを現地語から日本語に訳したものです。民俗学や言語学の専門家の見解とは多少異なる点があるかもしれませんが、それは訳者の感性だ、と理解していただきたいと思います。

ボリビアは、日本からは地球の裏側、南米大陸の中央に位置します。寒冷なアンデス山脈、アンデス高原と、アマゾン川、ラプラタ川の源流となる熱帯、亜熱帯の平原からなる内陸国です。

多民族国家で、国内には三十六の先住民族が住み、中でもアンデス高原に住むアイマラ族とケチュワ族、平原に住むワラニ[注]族が代表的な先住民族です。

南米大陸の先住民たちは日本人と同じモンゴル系人種で、言語や神、霊魂に対する考え方にも、日本語や日本人に近いものがあります。
アンデス高原では紀元前から文明が栄えました。

この本では、文化的にも長い歴史があり、人口も多いアイマラとケチュワの昔から語り継がれてきた話を、皆さんに紹介したいと思います。

先住民の昔話の中では、日本の昔話と同じように、動物も小さな虫たちも人間と一緒に、人間と同じように生活し、我々を助けたり、からかったり、騙したりします。いたる所に神が宿り、死者や、霊魂も人間と共に生活し、我々を守り、助け、あるいは懲らしめます。

死者もあの世で、この世の我々と同じように生活しています。
現代の日本人が忙しい日常生活の中で忘れてしまった、自然と一体となった生活が繰り広げられています。

また、先住民の言語では、時間と空間を同じ言葉で表します。アイマラ語とケチュワ語では、『パチャ（Pacha）』、ワラニ語では『アラ（Ara）』です。

先住民の人たちは、夜の果てしない星空を見上げ、そこに無限の時間と空間の広がりを感じ、無限の時空と共に暮らしていたのではないでしょうか。

現代人がよく言う、『時間がない、場所がない』という意識はなかったのかもしれません。

昔の人々の生活や知恵からは、学ぶべきところが数多くあります。

このような話は、現代人が物質と情報の洪水の中で忘れがちな、昔の人たちの素朴な生きるための知恵、哲学など、本質的なことを教えてくれるのではないでしょうか。

話し継がれてきた昔話は、言語と同じように民族の宝であり、アイデンティティーの一つです。

日本人には日本人のアイデンティティーがあるように、コロンブスの到来以後、ともすれば失われがちな、南米大陸先住民の人たちのアイデンティティーがあります。『アイデンティティーを失った民族は、地上から消える運命にある』、とさえ言われます。

民族が誇りと尊厳を持って生き続けるためにも、私たちは昔から伝わる生活、昔の人たちの知恵を失ってはいけないと思います。

この本を通して、読者の皆さんに遠い南米大陸の先住民の文化と知恵に興味を持っていただければ、幸いに思います。

二〇二〇年十一月　ラパス、ボリビアにて　訳者

ラパスを象徴する山、イジマニ[注]（標高6462 m）と
アンデスの花、カントゥータ

注

ワラニ（Guaraní）、イジマニ（Illimani）、イジャンプ（Illampu）などは、日本語では、『グアラニ』『イリマニ』『イヤンプ』と表記する場合もあるようですが、この本では、ボリビアで一般的に話されている音声に従い、『ワラニ』『イジマニ』『イジャンプ』と表記します。

地図　ボリビア（地名の下の数字は標高）

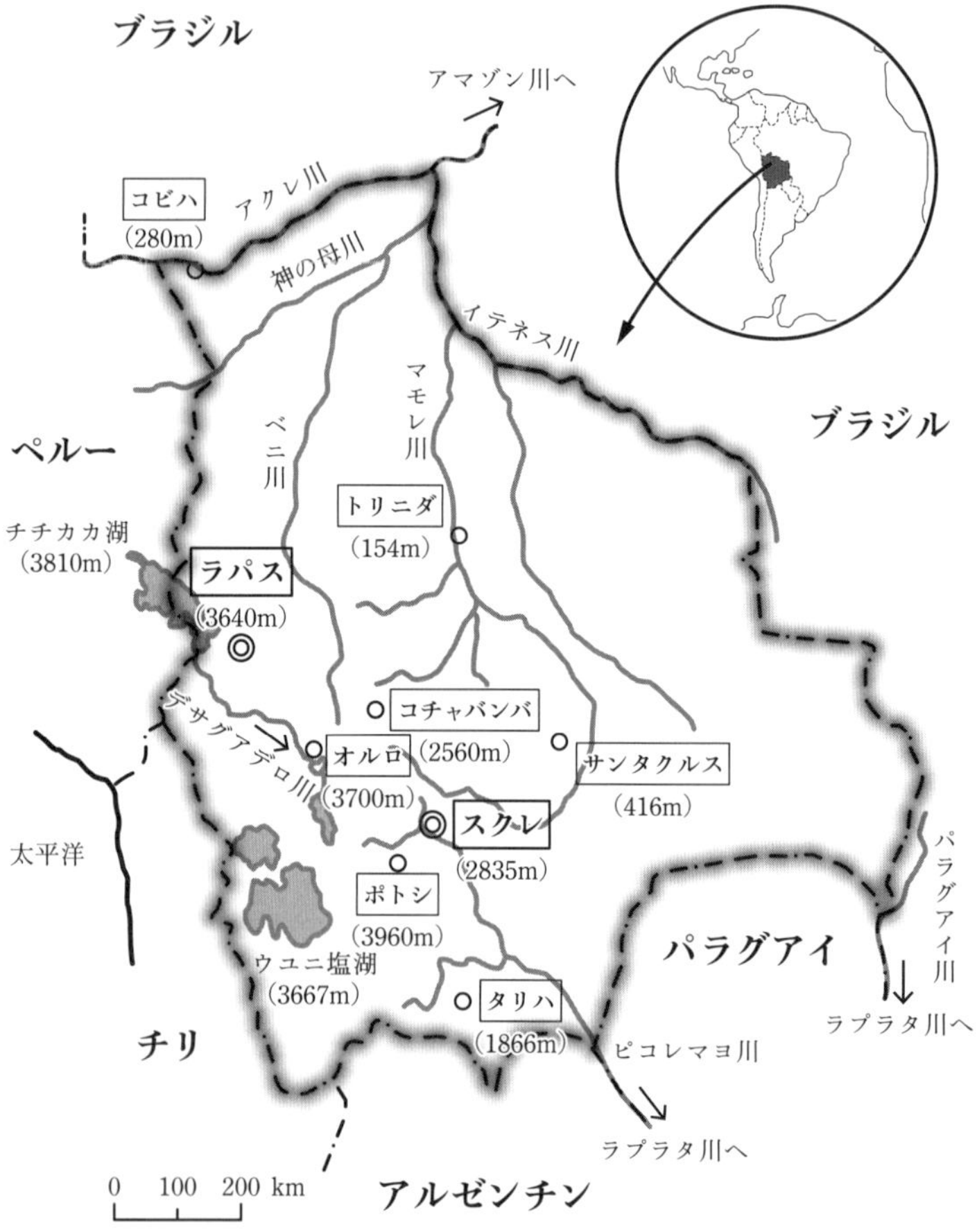
ブラジル
アマゾン川へ
コビハ
(280m)
アクレ川
神の母川
イテネス川
マモレ川
ベニ川
ブラジル
ペルー
トリニダ
(154m)
チチカカ湖
(3810m)
ラパス
(3640m)
デサグアデロ川
コチャバンバ
(2560m)
オルロ
(3700m)
サンタクルス
(416m)
スクレ
(2835m)
太平洋
ポトシ
(3960m)
パラグアイ川
パラグアイ
ウユニ塩湖
(3667m)
タリハ
(1866m)
ラプラタ川へ
チリ
ピコレマヨ川
ラプラタ川へ
0　100　200 km
アルゼンチン

地図　ラパス周辺（地名の下の数字は標高）

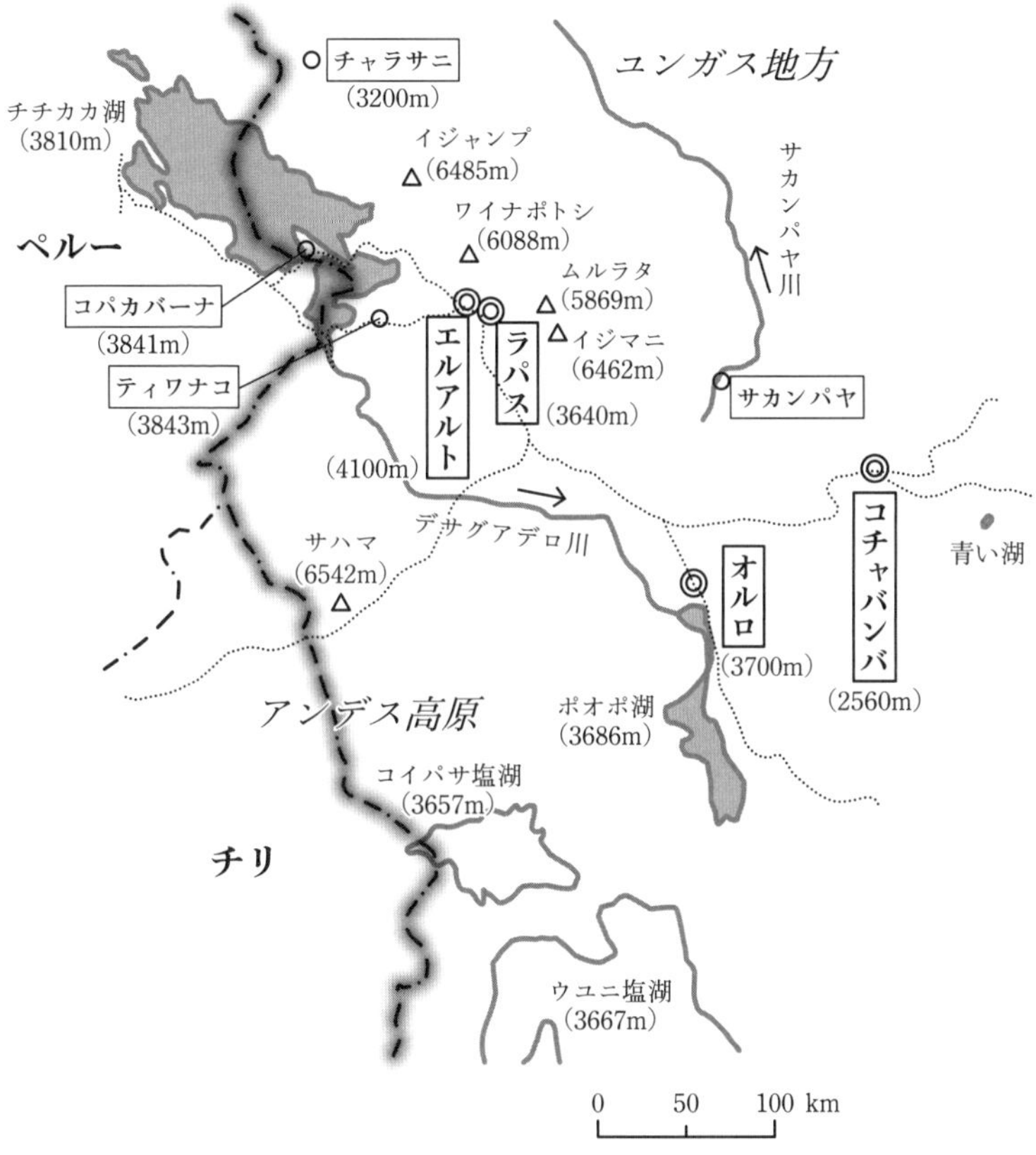

チャラサニ
(3200m)
ユンガス地方
チチカカ湖
(3810m)
イジャンプ
(6485m)
サカンパヤ川
ワイナポトシ
(6088m)
ペルー
ムルラタ
(5869m)
コパカバーナ
(3841m)
イジマニ
(6462m)
エルアルト
(4100m)
ラパス
(3640m)
サカンパヤ
ティワナコ
(3843m)
コチャバンバ
(2560m)
デサグアデロ川
サハマ
(6542m)
オルロ
(3700m)
青い湖
アンデス高原
ポオポ湖
(3686m)
コイパサ塩湖
(3657m)
チリ
ウユニ塩湖
(3667m)
0
50
100 km

ボリビアの地理、歴史と文化

ボリビアは、南米大陸の中央に位置する内陸国です。面積は約一一〇万平方キロメートルと日本のおよそ三倍、人口は約一一〇〇万人（二〇一七年の推定）と日本の十分の一以下です。

国土の四分の一は気候が寒冷で乾燥したアンデス山脈とアンデス高原で、アンデス高原の標高は平均三八〇〇メートル、富士山よりも上に位置しています。

国土の三分の二は標高一〇〇〇メートル以下の、アマゾン川とラプラタ川の源流となる熱帯、亜熱帯の平原です。

アンデス高原と平原の間には、標高が一〇〇〇メートルから三〇〇〇メートルの気候が比較的温暖な渓谷地帯が存在します。

三十六の民族が住む多民族国家で、『ボリビア多民族国』が国の正式名称です。

中でもアンデス高原に住むアイマラ族、アンデス高原と渓谷地帯に住むケチュワ族、平原に住むワラニ族が代表的な先住民族です。

南米大陸の先住民たちは遠い昔、氷河期にベーリング海を渡り、あるいはポリネシアから船で南米大陸の太平洋岸に到達した、といわれています。ですから私たち日本人と同じモンゴル系人種で、日本人とは遠い兄弟です。言語も、文法や発音に日本語と共通する点も多く、神や霊魂に対する考え方も日本人に比較的近いと思われます。

アンデス高原では紀元前から文明が栄え、その遺跡なども発掘されています。チチカカ湖に近い『ティワナコの遺跡』は代表的で、建造物や土器、陶器、金銀青銅の食器や装飾品など、多くの考古学的に重要な資料が発掘されています。

十二世紀から十五世紀にかけては、インカ帝国が現在のコロンビア、エクアドル、ペルー、ボリビア、アルゼンチン、チリのアンデス地方で繁栄しました。

一四九二年にコロンブスがアメリカ大陸に到来して以後、南米大陸はヨーロッパの植民地とされ、先住民たちはヨーロッパ人に奴隷のように扱われました。

先住民の文化も否定され抹殺されようとし、ヨーロッパの文化、言語（スペイン語及びポルトガル語）、宗教（カトリック教）により十六世紀から十九世紀まで支配されました。


ボリビアは十九世紀はじめ、一八二五年に独立しましたが、ヨーロッパ系住民による支配は現在まで続いています。

近年、先住民の言語や文化が見直されてはいますが、西洋文明の圧倒的な物資と力と影響力の前に、現実には先住民の言語や習慣は少しずつ忘れられようとしています。

しかしながら、先住民族系の住民の間では、土着宗教への信仰も根強く残り、パチャママ（母なる大地）、太陽、月、星や道祖神、守護神へのお祭りが、キリスト教への信仰に並行して日常広く行われています。

土着信仰では、自然界のあらゆる場所に神が宿り、我々人間を見守ってくれていると考えます。

また、動物たちも神の使者と考えられています。

アンデス高原の先住民の間では、特にコンドル、ピューマ、ヘビが神聖な動物として崇められ、遺跡で発掘された建造物、食器や装飾品の中にも数多く描かれています。


食物に関しては、ジャガイモ、トウモロコシ、トマト、トウガラシなどは南米あるいはアンデス原産の食べ物で、アンデス高原には数百種以上のジャガイモがあります。

現在では世界中の人々がジャガイモやトウモロコシ、トマトなど、その豊かな食物の恩恵にあずかっています。

そのほか、近年注目を集めている、キヌア、カニャウァ、アマラントのような、タンパク質やミネラルに富む、栄養価の高い穀物類もアンデス原産の食物で、宇宙飛行士やスポーツ選手の食べ物、とも言われています。

また、南米原産の常緑灌木《じょうりょくかんぼく》、コカの葉は麻薬、コカインの原料にもなるため、日本をはじめ多くの国では使用が禁止されていますが、アンデス先住民の間では、滋養《じよう》強壮《きょうそう》にその乾燥させた葉を噛む習慣が広く行われています。コカの歴史は数千年以上にも及び、病気を治療《ちりょう》するための薬、儀式や占いにも日常利用されており、先住民の生活には欠かせません。

数ある薬草の中で、最も効果的な薬草の一つとされています。

コカの葉は、この本の物語の中でもしばしば登場します。

アンデス高原のラクダ科の家畜、リャマ

第一話　キツネが天上の国へ行った話

聖霊のお祭り[注1]の日には、すべての鳥たちが天上の国へ行くと伝えられています。天上の国にはありとあらゆる作物が実ります。その日、地上からは鳥がいなくなります。

「食べ物はとても美味《おい》しい、娘たちはとてもきれいだ」、キツネはそんな話を聞いて、ぜひとも天上の国へ行ってみたくなりました。

そこでコンドルに頼みました。

「コンドルさん、天上の国へ連れていってくださいな」

コンドルは少しためらいがちに答えました。

「まあよかろう、背中に乗りなさい。連れていってやろう」

コンドルは、聖霊の日にキツネを背中にのせて天上の国へ行きました。

第一話　キツネが天上の国へ行った話

お祭りが始まりました。みんな楽しく踊ったり、美味しい物を食べたり、お酒を飲んだりしました。キツネは、ごちそうをお腹一杯食べました。

そのうちに真夜中になりました。もう下界に戻らなければなりません。

「もう帰る時間だよ」コンドルはキツネに言いました。

キツネは戻る気がありません。

「もう少し、もう少し」

と言って、キツネは踊り続けました。

少したってコンドルは再び、

「もう帰らなければ」とうながしました。

「もう少し、もう少し」キツネはそう答えるだけでした。

しばらくしてコンドルは再び、

「急いで帰らなければ」とせかしましたが、キツネは聞きません。

コンドルはキツネを残して帰ってしまいました。日の出までに、すべての鳥たちは下界へ戻ってしまいました。


夜が明けるとキツネはコンドルを探し回りましたが、コンドルはもういません。

「コンドルがいなくなった。どうしよう」と泣き叫《さけ》びました。

地上に戻ることができません。


「どうしよう、どうしよう、どうやって地上に戻ろうか」

と言いながら、あちこちとうろうろしました。


「何かないかなあ」と言いながら、あちこちと探しました。

そうしているうちに、丈夫なわらを見つけました。

キツネはそのわらで、長い長い縄を編みました。

縄の先をぬらして、

「地上に届けば土が付くはずだ」と言いながら下ろしました。

何度か縄を編み足して、下界に向けて下ろし、土が付いているのを確認すると、その縄を丈夫な木に結び付けて、大喜びで下り始めました。

「もう下界が近いはずだ」と喜びました。

そのとき、インコの群れがギャア、ギャアと鳴きながら飛んでいるのに出会いました。

キツネはインコをばかにして、

「くそまみれのインコたち！」

と大声で叫びました。

インコたちは、たちまち引き返してきて縄を切ろうとしました。

「穏やかに、穏やかに。縄をつつかないでくださいな」

キツネはインコの群れに懇願《こんがん》しました。

インコたちは、「それもそうだな」、そう言って飛び去りました。


インコの群れが遠ざかると、キツネはまた叫びました。

「汚いインコたち！」

それを聞くと、インコたちは再び戻ってきました。


「穏やかに、穏やかに。冗談ですよ。そんなに怒らないでくださいよ。縄を切らないでくださいな」

キツネはインコの群れに縄を切らないように懇願しました。

インコたちは、「冗談ならまあ許してやるか」と言って飛び去りました。

キツネは、やっと地上が見えてくると、再び叫びました。

「鼻の曲がったインコたち！」

それを聞くとインコたちは、すぐに戻ってきました。

「よくも鼻の曲がったインコと言ったな！」

今度はカンカンに怒って、たちまちキツネのぶら下がっている縄を噛み切ってしまいました。


キツネは、恐怖にふるえながらやっとのことで叫びました。

「人間たち、神様が空から降りてくるぞー!!　ジュウタンや毛布を敷いて迎えなさい、神様が降りてくるぞー!!!」

「あああーーー！」

パーン!!!

キツネは石の上に落ちて、お腹がはじけて死んでしまいました。

人間たちはキツネの叫びを本気にしないで、ジュウタンの代わりに石を敷いたのです。

キツネは、腹の中から天上の国で食べたトウモロコシ、キヌア[注2]、カニャウァ[注3]など、あらゆる食べ物を周囲に撒《ま》き散らしました。

粒の大きいトウモロコシは、果物などと一緒に渓谷のあたりに撒き散らしました。

キヌア、カニャウァなどの粒の小さな軽い穀物は、アンデスの高地に撒き散らしました。

ですから今日《こんにち》でも、アンデスの渓谷ではトウモロコシや果物が実り、高地ではキヌア、カニャウァなどが実るのです。

注釈

注1　聖霊のお祭り：キリスト教で復活祭から五十日目に祝う、聖霊降臨《こうりん》の祝日。

注2　キヌア：アンデス高原原産の穀物。粒は小さく乳白色または白色、タンパク質やミネラルなどの栄養分に富む。

キヌア

注3　カニャウァ：アンデス高原原産の穀物。粒は小さく茶色または黒色、タンパク質やミネラルなどの栄養分に富む。

原作：『アイマラの寓話』、ラパス、ボリビア、二〇一三

語り：マリア・スリ、ラパス県、ロアイサ郡、ボリビア、一九七二

マルセリノ・ペレス、ラパス県、アロマ郡、ボリビア、一九八〇

編集：フェリックス・ライメ・パイルマニ

第二話　キツネがカチュワ（踊り）に行った話

ある夜のことです、娘たちと踊りたいと思っていたキツネは、山かげに隠れて娘と若者たちの踊るのを見ていました。

「みんなとても楽しそうに踊っているなあ。娘たちはきれいだなあ、ぼくも仲間に入れてもらえないかなあ」

キツネはひとり言を言いながら見つめていました。

「どうしたら踊り（カチュワ）[注1]の中に入れるかなあ、娘たちと一緒に踊りたいなあ」

次の日、山の上で遠吠えをしているキツネに、村の守り神の岩の後ろから、突然大きな声がしました。

「キツネ、キツネ、ここで何をしているのだ」

キツネはびっくりして答えました。

「ぼくもみんなと一緒に踊りたいのだ、でもみんなには見られたくないし」

キツネは守り神に向かって言いました。

「絶対に見られたくないのだ！」

そう泣きながら訴えました。


「泣くな、キツネ！

泣くのはおよし。踊りにいくがよい。今晩から毎晩、人間に変装して行くのだ。ただし、決して太陽の光を受けてはならないよ、太陽の光のもとで見られてはならないよ」

キツネにそう言いました。

それを聞いて、キツネは大喜びで山の上から下りていきました。

その夜も若者たちは踊っていました。娘たちも楽しそうに踊り続けていました。

若者たちは笛を吹き、太鼓をたたき、輪になって回っていました。

キツネはその中に、美しい若者に変装して入りました。

赤い鼻、青い目、ビクーニャ[注2]のポンチョを着て、ビクーニャの帽子を被《かぶ》り、首にはビクーニャのマフラーをまいて、金持ちの若者のように変装して行きました。


娘たちはキツネと、とても楽しく踊りました。

日の出まえに、キツネは誰にも見られることなく、踊りの輪の中から離れました。


次の夜もキツネは踊りにいきました。

娘たちはキツネが踊りの中に入ったのをすぐに見つけ、

「今夜は決して放さないわよ！」

そう言って、キツネと一晩中踊り続けました。

キツネにお酒も飲ませました。


東の空が明るくなってくると、キツネは守り神の忠告を思い出し、娘たちに歌いな

第二話　キツネがカチュワ（踊り）に行った話

がら懇願しました。

「放してください！　娘さん、
放してください！　娘さん、
朝が来ますよ！　娘さん、
日が昇りますよ！　娘さん」

キツネはそう歌いました。
しかし、娘たちは決してキツネを放そうとはしません。
そこでもう一度歌いました。

「放してください！　娘さん、
お願いですよ！　娘さん、
もう朝ですよ！　娘さん、

朝になったら、カーン！　カーン！

そう啼きますよ！　娘さん」


それを聞いて娘たちは大笑いしました。

キツネの手を引いて、さらに楽しそうに踊りました。


やがて朝日がさしてきました。

朝日を浴びると、キツネは本当に、

「カーン！　カーン！」

娘たちに向かって啼きました。

そこには、一匹《ぴき》のキツネが大麦畑の中を走り回っていました。

「キツネよ！　キツネよ！」

娘たちは驚いて若者たちに知らせました。

キツネは、大麦畑の中を酔っぱらってふらふらしていました。

若者たちは、そのキツネをもう二度と人間と踊ることがないように、棒で叩きのめしました。

何事も、遅れずに早めに切り上げるのが良い、といいます。

注釈

注1　カチュワ：若者たちの踊り。夏の夜、村の近くの山の上で笛や太鼓の伴奏で踊る。
注2　ビクーニャ：アンデスの高原に棲むラクダ科の動物。その毛は高級なセーターやショールに使われる。

原作：『アイマラの寓話』、ラパス、ボリビア、二〇一三
語り：トマサ・ワンカ
　ビクトリア・ポマ・ワンカ、ボリビア、一九八七
編集：フェリックス・ライメ・パイルマニ

第三話　放してください娘さん（ワシとフクロウ）

昔は、村の娘や若者たちは毎晩、笛や太鼓、濁酒《どぶろく》を持って、近くの丘の上に踊りに出かけたものでした。それを見てある日、ワシとフクロウは話し合いました。

「俺たちも娘さんたちと踊りたいなあ」と、ワシは言いました。

フクロウは黙って、悲しそうにうなずくだけでした。

「どうして黙りこくって、そんな悲しそうな顔をしているのだい」

「そんなことをしたら、みんなでぼくたちを殺すかも。それが心配なのだ」

「心配するな。殺されるよりは、あの丘の上で娘たちと楽しもうよ」

そう言って、ワシはフクロウを若者たちが踊っている丘の上に連れていきました。

フクロウは灰色と茶色の服を着て、ワシは黒いマントを羽織《はお》り白いマフラーを巻いて出かけました。

ワシはロバの死体を見つけ、その肩骨と首の筋で作ったチャランゴも腕に抱えていました。

ワシとフクロウは、兄弟のように連れだって娘たちが踊っている丘に登っていきました。

ワシは、突然大声で歌い始めました。

フクロウは、泣きそうに、悲しそうな顔をするだけでした。

ワシは歌いました。

「オーイ、オーイ、どうして泣いているのだ！

陰気くさいぞ、陰気くさいぞ、陰気くさいぞ！

山の上に家を建てようよ！

肉で壁を塗って、毛で入口を作って、筋で垣根を作ろうよ！

ワーイ、ワーイ、ワーイ」

フクロウはワシに合わせてなかなかうまく歌えません。
娘たちは二人の若者を見つけて、大喜びで一緒に踊り出しました。
フクロウもきれいな娘たちを見て、心がはずみました。

ワシもフクロウも娘たちと一緒に、おおいに歌い、楽しく踊りました。
夜明けが近づきました。

フクロウは歌いました。
「放してください娘さん！
放してくださいい娘さん！
夜が明けますよ、夜が明けますよ、娘さん！
日が昇りますよ、日が昇りますよ、娘さん！

第三話　放してください娘さん（ワシとフクロウ）

ホーウ、ホーウ、ホーウ！」

娘たちは、フクロウの歌を聞いても手を放そうとはしません。

「もう放さないわよ」

娘たちはますます手を強く握りました。

フクロウもワシも娘たちに手を引っ張られながら踊り続けました。

やがて夜が明けてきました。

フクロウは鳥に戻り、

「ホーウ、ホーウ、ホーウ！」

と鳴きながら飛んで逃げていきました。

ワシもチャランゴを放り投げて飛んで逃げていきました。

「なんなの、こいつら。何者と一緒に踊っていたの」

娘たちは驚きました。
チャランゴを見ると、ロバの肩骨が地面に放り投げられていました。

原作：『アイマラの寓話』、ラパス、ボリビア、二〇一三
語り：アポリナル・アハコパ・ライメ、ボリビア、一九八三
編集：フェリックス・ライメ・パイルマニ

第四話　二人の婿《むこ》

ある村に、二人の娘を持った男が住んでいました。
娘たちは成長し年頃となり、結婚相手を探し始めました。
すぐに二人の若者を見つけました。

一人は高い鼻、もう一人は鼻がぺしゃんこの若者でした。
上の娘は高い鼻の若者と、下の娘はぺしゃんこ鼻の若者と結婚しました。
長女の婿は、日の出と共に仕事に出かけ、日暮れに家に戻ってきました。
次女の婿は、まだ暗いうちに仕事に出かけ、夜暗くなってから家に戻りました。
「俺は木こりだ。森で大きな木を切り倒している」、と長女の婿は言っていました。

娘の父親は、一度婿たちの仕事ぶりを見たくなりました。
ある日、長女の婿の後をつけました。
若者はたくさんの木を切り倒して、さまざまな物を作っていました。
娘の父親は、大いに満足して家に引き返しました。

次に、次女の婿の後を追いました。ひっそりとした暗い森の片すみに、一匹のコウモリが木にぶら下がっていました。父親はびっくりして家に戻りました。

夜、若者が家に戻ってくると、娘の父親は叱り付けました。
母親は若者を叩き付けました。
すると、一匹のコウモリが「カッ！　カッ！　チッ！　チッ！」と飛び去りました。
次女の婿が何者であったか、家族は知りました。

コウモリは考えました。

長女の婿に告げ口をしました。

「お前の嫁《よめ》さんは、別の若者とねんごろになっているぞ」

木こりは、それを聞くとカンカンに腹を立て、妻の所に飛んでいき、妻を殴り付けました。

長女の父親は娘をかばいに飛んできて、棒で若者を殴り付けました。

一羽のキツツキが「ヤック！ ヤック！ ヤック！ ヤック！」と飛び去りました。

こうして二人の娘の夫は飛び去ってしまいました。

世間には、いろんな虫や獣が棲んでいるものですね。

原作：『アイマラの寓話』、ラパス、ボリビア、二〇一三

語り：ペドロ・キスペ・フロレス（サンガブリエルラジオ放送）
　ラパス県、カラナビ郡、アルトベニ村、アルトリマ、ボリビア、一九八九

編集：フェリックス・ライメ・パイルマニ

第五話　息子の嫁探し

母親が一人息子と住んでいました。

母親は、息子の嫁さんをヤマウズラとカエルから選ぼうと考えました。

「このトウモロコシから濁酒を作りなさい」

そう言って、それぞれに一袋のトウモロコシと大きな瓶《かめ》を渡しました。

カエルは、袋のトウモロコシをすべて瓶《かめ》に入れて濁酒を作りました。

ヤマウズラは、瓶《かめ》一杯の濁酒を作るのに必要なだけのトウモロコシを袋から取り分けて瓶に入れ、濁酒にしました。

母親が見にきました。

「どちらが息子の嫁さんにふさわしいかしら」

ヤマウズラの袋にはトウモロコシがたくさん残っていました。

カエルは、袋すべてのトウモロコシを濁酒にしていました。


「お前は怠け者だ、出て行きなさい！」

母親はヤマウズラに言いました。

「お前は働き者だ、よく濁酒を作った」

カエルに言いました。


そのあと、母親は瓶の中を覗きました。

カエルの瓶は濁酒で一杯。

ヤマウズラの瓶も濁酒で一杯。

ヤマウズラは瓶一杯分に必要なトウモロコシだけを濁酒にし、カエルはすべてを濁酒にしたのです。

母親は自分の間違いに気づき、ヤマウズラへの仕打ちを後悔しました。

「少しだけ濁酒を作った娘だと思って追い出したけど、最初に瓶を見るべきだったわ」

「出て行きなさい！」

母親は泣きながらカエルにも言いました。

「お願いですお母さん。私はこうして膝をついて頼みますから」

カエルは泣きながら母親に懇願しました。

「必要なだけのトウモロコシを濁酒にしたヤマウズラが本当は良い嫁なのだわ。嫁にはヤマウズラがふさわしいわ」

母親はそう悔しがりました。

嫁の中には、やみくもに料理し、いくら食べても満足せず、腹いっぱいにならない、底の抜けた袋のような大食いの女がいます。その一方では、つつましいヤマウズラのような倹約家の嫁もいます。

母親は追い出したヤマウズラを探しに出かけました。

「ヤマウズラはどこなの、ヤマウズラはどこなの」

と叫びながら歩き回りました。

よく観察しないで、早まって非難したり怒ったりしてはいけません。

原作：『アイマラの寓話』、ラパス、ボリビア、二〇一三
語り手：テオドラ・フアナ・サンガ、ラパス県、インガビ郡、アンドレスデマチャカ村、ボリビア
聞き手：フェリシダ・マリナ・サンガ、一九八六
編集：フェリックス・ライメ・パイルマニ

第六話　悪魔の子

ある日、悪魔は荒涼《こうりょう》とした平原を徘徊《はいかい》しているときに、子供を産み落としました。その子供は鼻から石ころだらけの原野に落ちました。それがネコでした。ですからネコは鼻が小さいといわれています。

一組の夫婦がこの荒涼とした平原に住んでいました。その夫婦は、一匹の足の悪いネコをたいそう可愛がっていました。

妻の用意した料理には、いつもゴミが入っていました。それがもとで夫婦には言い争いが絶えませんでした。ネコが料理にゴミを入れて汚《よご》し、夫婦を喧嘩させていたのです。

妻はネコが料理を汚しているなどとは、夢にも思いませんでした。

「どうして料理にいつもゴミが入っているのかしら、きれいに料理したはずなのに」

ネコはいつも台所の片すみに座ってじっとしています。


毎日、夫は家畜を追って平原を遠くまで歩いていきました。

妻は夫のために弁当を用意しました。

足の悪いネコはその弁当にもゴミを入れました。


昼に弁当を開けてみると、いつもゴミがまざっていました。

夫は腹を立てて、

「どうして弁当にゴミを入れたのだ」

と、家に戻るといつも妻と喧嘩をしました。


ある日、夫は遠い町まで出かけました。

とっぷりと日が暮れたとき、真っ暗な平原の中に大きな家が見えました。

闇の中で、ランプの明かりがその家を照らしていました。

家に近づいていきました。

「お願いです、お宅に一晩泊めてください」

「そこの暗い隅で良かったら泊めてあげますよ」

家の主人は答えました。


男が寝ていると、たくさんの大男たちが現れました。

金の房飾《ふさかざ》りを付けた服を着て、金の椅子に座り、金歯を輝かせていました。

彼らは悪魔でした。そこにたくさんのネコが現れました。

ネコたちは、行った数々のいたずらを悪魔たちに報告にきたのです。

悪魔の親分は、ネコ一匹ずつに質問しました。

「お前は何の悪さをしたのだ」

「はい、あっしは男に別の女と付き合うように仕向けました」

一匹のネコは答えました。

ネコたちは一匹ずつ、いたずらの数々を悪魔たちに報告しました。


悪魔の親分は、ネコたちの報告を聞いて大いに喜びました。

そこへ、足の悪いネコが現れました。


「今度はお前の番だ、お前はなんの悪さをしたのだ」

「へい、あっしは料理にゴミを入れて、何度も何度も夫と妻を喧嘩させました」

足の悪いネコはそう報告しました。それは男の足の悪いネコでした。

悪魔はとても喜びました。

男は自分のネコが妻と喧嘩をさせたのだ、と知りました。


夜が明けると、男は大急ぎで家に引き返し、妻に尋ねました。

「ネコはどこだ」

「いなくなったわ、どこにもいないわ」

足の悪いネコは、悪魔の所からまだ戻っていませんでした。

「あいつは悪魔と話しておった！　あのネコが俺たちを喧嘩させたのだ」

男は妻に知らせました。

男はネコを待ちました。

ネコが戻ると男はネコを追いかけました。

ネコは豚小屋の片すみに逃げ込み、それを男は火で燃やしてしまいました。

家庭ではむやみに言い争いをしてはいけません。よくわけを確かめてから話し合いましょう。悪魔が喜ぶだけですよ。

原作：『アイマラの寓話』、ラパス、ボリビア、二〇一三
語り：アンヘル・メリトン・パス・ハランディジャ、ボリビア、一九八三
編集：フェリックス・ライメ・パイルマニ

第七話　袋を被《かぶ》せられたスズメ

昔から、ネズミは働き者の娘でした。

乾燥した季節も雨の季節も、食べ物を集め続けました。

畑にこぼれ落ちた大麦など穀物の籾《もみ》を、自分の巣穴に運んで蓄えました。

今もネズミは働き者です。


スズメはそれを見ながら飛び回って、笑っていました。

「くずを集めてみみっちいなあ、ネズミさんは」

「スズメさんも、食べ物を集めなさいな。

そのうちに雪が積もって、食べ物がなくなりますよ。

今のうちに畑にこぼれ落ちた籾を集めておきましょう」

と、ネズミはスズメに言いました。

「ネズミさん、くず籾を集めて一体何になるのです。私はそんな屑は食べませんよ、畑には食べ物が一杯ありますから」

スズメは相手にしません。

ネズミは畑に落ちたくず籾などを一杯集めましたが、スズメは集めようとはしませんでした。

ある日、ネズミの言ったとおり大地が雪に覆われました。

ネズミはたくさん食べ物を集めていたので、雪が積もっても食べ物には困りませんでした。

スズメは飛び回りましたが、大地はすっかり雪に覆われて、食べ物を見つけることができません。

途方にくれました。

「困ったなあ、どうしよう。

そうだ、ネズミさんの所に行ってみよう。

ネズミさんは食べ物をたくさん集めていたから、少し分けてもらおう」

袋を背負ってネズミの家に行きました。


「ネズミさん、ネズミさん、お願いです。大地が雪に覆われていて食べ物がありません、少し分けてもらえませんか。後でお返しします」

「スズメさん、今さら何をおっしゃるのですか。前に、私はあなたに『食べ物を集めて蓄えておきなさい』、と言ったじゃありませんか。

今になって慌てて飛んできて」

「しょうがないわね、少しだけ分けてあげるわ。これだけよ」

雪は降り続けました。すぐに食べ物はなくなりました。

「どうしよう、雪は降り続くし、食べ物はなくなったし。

もう一度ネズミさんの所に行って食べ物を分けてもらうしかないわ」

スズメは再びネズミの家に行きました。

「ネズミさん、ネズミさん、もう一度食べ物を分けてもらえませんか。

雪が降り続いて、飢え死にしそうです」


ネズミは、腹を立てました。

「私が働いているときには『はっ！　はっ！　はっ！　はっ！』と笑って飛び回って見ていたくせに。

今度は私があなたを笑いますよ。

どうして私の所に分けてもらいにくるのです。

スズメさん、あなたが怠けていたからこうなったのですよ。

何度も、『食べ物を集めましょう』、と言ったじゃないですか。

その袋でも被って持ってお行きなさい！」


ネズミはスズメが持ってきた袋をスズメの頭に被せました。

スズメは泣きながら飛んでいきました。

今でもそのスズメは袋を被って飛び続けており、『帽子スズメ』と呼ばれています。


人の行動をむやみに笑ったりしてはいけません、よく考えてその行動を尊重しましょう。

今日《きょう》笑った者は、明日《あした》泣くことになります。

今日馬鹿にされても、明日は尊敬されるでしょう。

第七話　袋を被せられたスズメ

原作：『アイマラの寓話』、ラパス、ボリビア、二〇一三
語り手：アレハンドロ・ママニ・キスペ、ラパス県、コアナ村、ボリビア
聞き手：ロクサナ・ブラウン、一九九一
編集：フェリックス・ライメ・パイルマニ

第八話　キツネとコンドル

ある日、コンドルが鳥たちと話していました。

「どうやったらあの高い凍てついた雪山の上まで飛んでいけるのさ」

他の鳥たちはコンドルに尋ねました。


近くを通りかかったキツネがその話を聞きました。

鳥を捕まえて食べるキツネは、コンドルが嫌いです。

「俺だって雪山ぐらい登れるさ」


コンドルはキツネが嘘をついているのを知り、

「それなら今晩、俺と一緒に雪山の上に行って一晩を過ごそう！」

と、誘いました。

「真夜中に雪山に登ろう。凍えずに生き残った方が勝ちだ。

お前さんが凍え死んだら俺が食べてやる。

俺が凍えて死んだら、お前が俺を食べろ」

コンドルは言いました。

コンドルとキツネはその夜、雪山に登りました。


「お互いに、ときどき呼び合おう」

コンドルとキツネは山の上に着くと、夜を明かす準備をしました。

キツネは反対側の山の上に場所を取りました。


コンドルは片方の翼を下に敷き、もう片方の翼で体を覆い、尾の羽を枕にしました。

キツネは尻尾で体を巻きましたが、凍てついた夜を過ごすには十分ではありません。

寝てしまわないように、ときどきお互いに呼び合いました。

「キツネ!!」

「コンドル!!!」

キツネは大声で叫びました。

しばらくして、

「キツネ!!」

「コンドル!!」

もうしばらくして、

「キツネ!!」

「コンドル！」

キツネの声は小さくなりました。

「キツネ!!」

「コンドル」

キツネは凍えて、うまく喋れません。

真夜中近く、コンドルは再びキツネを呼びました。

「キツネ!!」

「コンドル……」

凍え死にそうに、震えながら叫びました。

真夜中にもう一度呼びました。

「キツネ!!」

……

「キツネ!!!」

キツネはもう返事をしません。

コンドルがキツネの所に飛んでいって見ると、キツネはカチンカチンに凍って死んでいました。

知ったかぶりはやめましょう。大口は叩かないで黙っていましょうね。

原作：『アイマラの寓話』、ラパス、ボリビア、二〇一三
語り手：クリスティナ・ガライ、ラパス県、パカヘ郡、コロコロ町、ボリビア
　バレンティン・アハコパ、ラパス県、インガビ郡、ヘススデマチャカ村、ボリビア
聞き手：ベトサベ・アルバレス・ガライ、フェリックス・ライメ、一九八二、一九八七
編集：フェリックス・ライメ・パイルマニ

第九話　キツネとヒョウ

キツネは人間にとっては家畜を奪う敵です。しかし生活する上では敵も必要です。どうすればよりよい生活ができるかは、敵が教えてくれます。

我々の生活には、敵と味方、困難と安楽《あんらく》、柔《じゅう》と剛《ごう》、相対《あいたい》するものが織り込まれ交錯しています。

今日《きょう》泣いても明日《あした》は笑うでしょう。今日笑っても明日は泣くかもしれません。どんなものでも、必要があるからこの世に存在しているのです。早まって捨てたりしてはいけません。

ある日、キツネがヒョウに出会いました。

「おいキツネ、何をしているのだ」

第九話　キツネとヒョウ

「餌の野ウサギやネズミを、いつものように探しているのです」

キツネはすぐに答えました。

「そんなものを探しているのか、お馬鹿さんだなあ！　俺が狩りの仕方を教えてやろう」

ヒョウはキツネを、動物たちが水を飲みに来る沼の岸辺に連れていきました。

腹ばいになり、顔を両手の上に置いて隠し、左右の足を揃えて隠れました。

キツネはその場に座りました。

「何が来たか教えるのだぞ！」

「はい！」キツネはその場にかがんで、来る動物を監視《かんし》しました。

一匹の動物が近づいてきました。

ヒョウはすぐさま尋ねました。

「何が来た」

「ヒツジが来た」

「何だ、ヒツジか、ほっておけ！」

　しばらくして、

「今度は何が来た」

「ブタが来た」

「何だ、ほっておけ！」

　もうしばらくして、

「何が来た」

「馬が来た」

「馬はどこだ！」

　ヒョウは素早く起き上がると、馬の首に飛びついてたちまち馬を殺してしまいました。

「さあ、これを食え！」

キツネはお腹がいっぱいになるまで馬の肉を食べました。

キツネはヒョウから大きな動物の殺し方を教わりました。

今度は習ったことを誰かに教えたくなり、教える相手を探しました。

一匹のスカンクに出会いました。

キツネは、冗談交じりに尋ねました。

「お前さんは何をしているのだい！」

「はい、ぼくは餌の小さな虫などを探しています」

スカンクは答えました。

「馬鹿だなあ！　俺がお前に狩りのやり方を教えてやろう」

キツネはヒョウと同じように、スカンクを動物の水飲み場に連れていきました。

ヒョウと同じように腹ばいになり、顔と鼻を両手の上に置いて隠し、左右の足を揃え隠れました。

「何が来たかすぐに教えるのだぞ」

「はい！」スカンクは眼を細めて遠くを見つめました。

動物の近づいてくる気配を感じてキツネは尋ねました。

「何が来た」

「ヒツジが来た」

「何だ、ヒツジか、ほっておけ！」

「何が来た」

「ブタが来た」

「ほっておけ！」

「何が来た」

「ロバが来た」

「ロバはどこだ！」

キツネはすぐさま飛び出してきて、ロバに飛びつきました。

ロバはキツネの鼻を後ろ足で思い切り蹴飛ばし、キツネは地面に落ちて死んでしまいました。

スカンクはそれを見て、びっくり仰天《ぎょうてん》、泣いてしまいました。

できもしないのに、知ったかぶりはよしましょう。

原作：『アイマラの寓話』、ラパス、ボリビア、二〇一三年
　キンサパチャ　第七十九号、ラパス、ボリビア、二〇〇三年十月九日
編集：フェリックス・ライメ・パイルマニ

第十話　キツネとイヌ（太陽を追いかけたイヌと火を掴《つか》んだキツネ）

二人の友達がチャランゴを弾き、歌を歌いながら旅をしていました。

一人はキツネ、もう一人はイヌという名前でした。

二人ともとても楽しそうに、

「おおいに歌おうよ」と言いながら歩いていました。

一方は悪賢《わるがしこ》い抜け目のない性格、もう一方は誠実な性格の持ち主でした。

二人ともお互いの性格はよく知らずに、ただ楽しく旅行を続けていました。


そのうちに日暮れどきになりました。

キツネはマッチを隠してイヌに言いました。

「もう夕暮れだ、晩飯のおかゆを作ろう」

第十話　キツネとイヌ（太陽を追いかけたイヌと火を掴んだキツネ）

イヌはマッチを探しました。
キツネはイヌに言いました。
「マッチが無いのか。
あの山の上に太陽が燃えているぞ。あの太陽から火をもらってきたらどうだ」
イヌはすぐに、沈もうとしている太陽から火をもらいに走り出しました。
イヌが走り去ると、キツネはこっそりとマッチを取り出しておかゆを作りました。

イヌは走り続けました。
いくら走っても太陽には追いつけません。
夜になり、真っ暗になりました。
凍えるような寒さに、イヌは泣きそうになりました。
そのとき一匹のヒョウが現れ、イヌに自分のマントを貸し与えました。

「このマントを着ていれば、もうキツネに料理を作ってやる必要はないぞ」

イヌは急いでキツネの所に引き返しました。

「キツネはどこだ！　急いでおかゆを作ってくれ！」

キツネはヒョウを見ると、

「はい！　はい！」と言って、すぐにおかゆを焚き始めました。

おかゆをかき混ぜるスプーンがありません。

「なんでおかゆをかき混ぜようか」

「お前の手で混ぜたらどうだ」

キツネは「そうですね」、と言って自分の手でおかゆをかき混ぜました。

キツネの手は、すっかり火ぶくれて皮がむけてしまいました。

おかゆが炊き上がると、キツネはそれをヒョウに差し出しました。

翌朝、二人は楽しそうに起きてきました。

「きのうの夕方、太陽から火をもらってくる、と言って太陽を追いかけた馬鹿がいたよ、ハッ！　ハッ！　ハッ！」

キツネはイヌを見て笑いました。

「きのうの夜、自分の手で沸騰《ふっとう》したおかゆを混ぜて俺に差し出した馬鹿者がいたよ、ハッ！　ハッ！　ハッ！」

イヌも言い返しました。

キツネは自分のことだと気づきました。

二人は喧嘩を始め、二度と話さなくなりました。

キツネとイヌとは宿敵同士になり、今日《こんにち》まで喧嘩をし続けています。

賢くても、頭が良くても、大切なのは心です。

原作：『アイマラの寓話』、ラパス、ボリビア、二〇一三
語り：マルガリータ・コルテス・ママニ、ラパス県、ハウィラパンパ村、ボリビア、一九八八
（一九七〇年代にボリビア放送のラジオから聞いた）
編集：フェリックス・ライメ・パイルマニ

第十一話　アルカマリ

若者が一人の娘に出会いました。
「マリヤといいます。私の家は、川の中州《なかす》の向こう岸にあります。
一度家に来てください。来たら『マリヤ！』と呼んでください」
そう言って娘とは別れました。
若者は、川の中州に行きました。
向こう岸には一軒の家もありません、娘もいません。
「マリヤ!!」と叫んでみました。
川の向こう岸からは、一羽のアルカマリ[注1]が、

第十一話　アルカマリ

「キシ！　キシ！　キシ！　キシ!!」と鳴きました。

もう一度、

「マリヤ!!」

「キシ！　キシ！　キシ！　キシ!!」

もう一度、

「マリヤ!!」

「キシ！　キシ！　キシ！　キシ!!」

とアルカマリが鳴くだけでした。

「娘なんていないじゃないか、帰ろう」

若者は戻りました。

しばらくして、若者はもう一度その娘に出会いました。

「マリヤといいます。家は川の中州の向こう岸です」

若者はすぐさま聞き返しました。

「行ってみたけど、家なんてなかったし、あんたもいなかったぞ」

「私はそこにいました」

「誰もいなかったぞ、
一羽のアルカマリが、『キシ！　キシ！　キシ！　キシ!!』、と鳴いただけだった。

それがお前だったのか」

「それが私でした」

マリヤという名の娘は答えました。

注釈

注1　アルカマリ：アンデス山脈に住む猛禽類、ハヤブサの一種。黒と白の成鳥に出会うと吉、茶色の幼鳥に出会うと凶とも言われる。

原作：『考えさせられる話』、ラパス、ボリビア、二〇一三
語り：ペドロ・パイルマニ・ラモス、ラパス県、スジュカティティ村、ボリビア、一九七九
編集：フェリックス・ライメ・パイルマニ

第十二話　悪魔にこの肉の一切れを

ある村に、一人の貧しい男が家族と住んでいました。

彼らは毎日の食べ物にも不自由していました。

他の家の手伝いなどをして、食べ物を得ていましたが、ある日、そのような手伝い仕事もありませんでした。


男は、隣の村に仕事を探しに出かけました。

仕事を探して家を一軒一軒まわっているうちに、一軒のお金持ちの家に来ました。

その家では、一頭の太った牛を殺していました。

それを見て男は牛の肉が食べたくなりました。


「お願いです、肉を一切れ分けていただけませんか」

「だめだ！」

「ほんの少しだけでいいのですが」

金持ちは腹を立てて、小さな肉を一切れ男に投げ付けました。

「悪魔に持って行け！」


貧しい男は考え込みました。

「『悪魔に持って行け！』と言ったなあ」

すぐに意を決し、悪魔を探しに歩き始めました。

荒涼とした原野を、悪魔を探して急ぎました。

「悪魔にこの肉を！　悪魔にこの肉を！」

そう叫びながら男は一日中歩き回り、ひどく疲れました。

荒涼とした原野が続くばかりで、一軒の家も家畜も見当たりません。

夕方になりましたが、彼は歩き続けました。

「悪魔にこの肉を！　悪魔にこの肉を！」と言いながら。

突然前方に、明かりに照らしだされた町が見えました。

男は町の通りに入り、

「悪魔にこの肉を！」と叫びました。


すぐに一人の紳士《しんし》に出会いました。

「誰を探しているのだ」

「悪魔を探しているのです」

「何のために」

「この小さな一切れの肉を悪魔にあげたいのです」


その紳士は、悪魔の子分でした。

紳士は男を悪魔の元に連れていきました。

長い道のりを経て、門にたどりつきました。

「ここで待っていろ、悪魔に聞いてみるから」


悪魔は男に会いました。

「どうして俺を探しているのだ」

「悪魔の旦那さん、あなたにこの小さな肉を持ってきました」

「ほう、それはよく持ってきてくれた」

悪魔は大喜びでその小さい肉を受け取りました。

「俺はお前に、この黄色いトウモロコシをやろう。

家に着くまでは絶対に荷の中を見てはならぬぞ」

貧しい男は大喜びで、トウモロコシの荷を担いで家に戻りました。

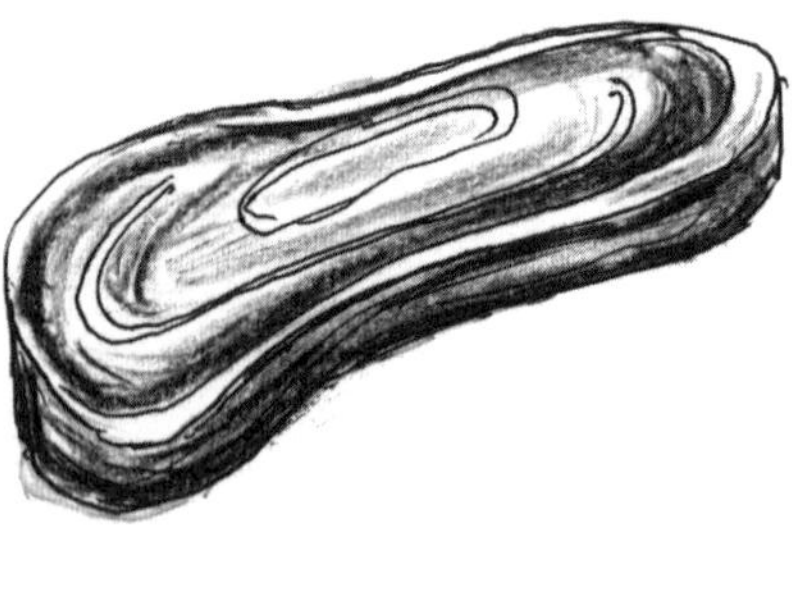

家に着くと、家族のみんなに悪魔の所に行ったことを話しました。
そして、担いできたトウモロコシの荷の中身を見ました。
驚いたことに、荷の中身はトウモロコシから黄金に変わっていました。
その黄金でさまざまな物を買い求め、貧しい男は大金持ちになりました。

近くの村の人々はみな、貧乏な男が急に大金持ちになったのを見て驚きました。
肉を与えたあの金持ちもそのわけを知りたくなり、男を家に呼び話を聞きました。
男は悪魔に肉を届けたことを、すべて話しました。

その話を聞いて、金持ちも同じようにしたいと思いました。
すぐに一頭の太った牛を殺して、小さな肉切れを悪魔の元へ届けました。
すべて貧しい男と同じように行いました。
夜になると目の前に、明るく照らされた町が現れました。
悪魔は金持ちにも、黄色いトウモロコシを与えました。

「家に着くまでは絶対に見てはならんぞ！」

金持ちは家に着いて、荷の中身を見ました。

トウモロコシはカエルやトカゲに変わっていました。

原作：『考えさせられる話』、ラパス、ボリビア、二〇一三

語り：メリトン・モイェサカ・アパサ、雑誌ハイマ　第六十五号、ラパス、ボリビア、一九九二

編集：フェリックス・ライメ・パイルマニ

郵 便 は が き

料金受取人払郵便

新宿局承認

2524

差出有効期間
2025年3月
31日まで

(切手不要)

1 6 0-8 7 9 1

1 4 1

東京都新宿区新宿1－10－1

(株)文芸社

愛読者カード係 行

ふりがな お名前			明治 大正 昭和 平成 年生 歳	
ふりがな ご住所	□□□-□□□□		性別 男・女	
お電話 番 号	(書籍ご注文の際に必要です)	ご職業		
E-mail				
ご購読雑誌(複数可)			ご購読新聞 新聞	
最近読んでおもしろかった本や今後、とりあげてほしいテーマをお教えください。				
ご自分の研究成果や経験、お考え等を出版してみたいというお気持ちはありますか。 ある ない 内容・テーマ( )				
現在完成した作品をお持ちですか。 ある ない ジャンル・原稿量( )				

書 名				
お買上 書 店	都道 府県	市区 郡	書店名	書店
			ご購入日	年 月 日

本書をどこでお知りになりましたか?

1.書店店頭　2.知人にすすめられて　3.インターネット(サイト名　　)

4.DMハガキ　5.広告、記事を見て(新聞、雑誌名　　)

上の質問に関連して、ご購入の決め手となったのは?

1.タイトル　2.著者　3.内容　4.カバーデザイン　5.帯

その他ご自由にお書きください。

(　　)

本書についてのご意見、ご感想をお聞かせください。

①内容について

②カバー、タイトル、帯について

弊社Webサイトからもご意見、ご感想をお寄せいただけます。

ご協力ありがとうございました。

※お寄せいただいたご意見、ご感想は新聞広告等で匿名にて使わせていただくことがあります。

※お客様の個人情報は、小社からの連絡のみに使用します。社外に提供することは一切ありません。

■書籍のご注文は、お近くの書店または、ブックサービス(0120-29-9625)、セブンネットショッピング(http://7net.omni7.jp/)にお申し込み下さい。

第十三話　男と死霊《しりょう》

一人の男が旅をしているうちに、夜になりました。

「真っ暗になってしまった。どこか泊まる所はないかなあ」

ふと、前方にランプの灯《あか》りが見えました。

「あの灯りの家に泊めてもらおう」

男は家に近づき、「トック、トック、トック」、と扉を叩きました。

一人の老婆《ろうば》が現れました。

「誰ですか」

「今晩は、お婆さん。一晩泊めていただけませんか、もうまっ暗になってしまって」

「息子が腹を立てるかもしれないけどね」

「家の片隅《かたすみ》でいいのですけど」

「それなら、あの隅でよかったら泊まりなさい。お入りなさい」


男は家の片隅に横になりましたが、なかなか寝付けません。

老婆も寝込んだ夜中に、一人の若者が家に入ってきました。


「母さん、母さん、明日《あした》か明後日《あさって》に嫁さんを連れてくるよ。

俺の新しい嫁さんを連れてくるよ」

「まあ、いつも嫁さんを取り替えて、罪な子だねえ。治す薬はないのかねえ。それがもとで父さんも死んだのさ」

老婆は息子を叱りました。


「母さんはいつも、俺に文句ばかりを言うのだから。嫁さんの家の傍《そば》に、俺につける薬があるのにさ、あの家の横の崖《がけ》に注1ルリプンティが生えているのに誰も気づかないの

第十三話　男と死霊

だ。

もう嫁さんの家に行かなくっちゃ、連れてくるからね、連れてくるからね」

そう言いながら息子は家を出ました。


男は家の片隅で横になりながら、母親と息子の会話を聞きました。

その夜は、雪が積もりました。


翌朝目が覚めると、男はとある岩陰《いわかげ》で一晩を明かしていました。

「何という所で夜を明かしたのだろう。確かに母と息子が話していたのを聞いたけど」

見ると大きな足跡《あしあと》が雪の上に残っていました。

ミイラの若者の足跡でした。

男はその足跡をたどって歩きました。

「足跡はどこまで続いているのだろう、跡をたどってみよう」

足跡は一軒の家まで続いていました。


男はその家を尋ねました。

「こんにちは、旦那さん」

「今は誰にも構う余裕がない。病人がいるのだ！」

「もうすぐ日が暮れます。今晩一晩泊めてくれませんか、旦那さん」

「娘が病気で今忙しいのだ、だめだ！　……　まあ、しょうがないか、上がれ」

家の主人は腹を立てながら男を家に入れました。


「ごらんのとおり娘が病気なのだ、わかるだろ。どうしても治せない。何が原因なのだろう。

　あらゆる治療を試みたが、どうしてもよくならない」

「旦那さん、[注2]コカの葉を持ってきてくれませんか」

コカの葉

その男はそれまで、コカの葉を噛むことも見ることも知りませんでした。医者[注3]ではありませんでした。死霊の若者の話を聞いたときから医者[注4]になったのです。

「どれどれよく見せてください、ずいぶんやつれていますね」

「天があなたを寄こしたのかもしれないな。よく病人を診てくれ」

「なるほど！　ははあ、なるほど！

『なんの薬も効かない、治療法がない』と言うのですか。

　コカの葉は『薬がある』、と言っています」

「医者はみな、薬はないと言ったけど」

「いいえ、薬はあります。ルリプンティがお宅に生えていませんか」

「ルリプンティか、探してみよう」

　そう言うと家の主人は外に出て、傍の崖でルリプンティを見つけて摘《つ》んで戻ってきました。

第十三話　男と死霊

ルリプンティ（チョウセンアサガオ）

「これがこの病人を治す薬です。この薬草を煎《せん》じてください。鍋にこれを煎じて病人に全部飲ませてください」

「はい、先生！」

主人は薬草を煎じました。

「病人に飲ませましょう。さあ、これを飲んで、全部飲むのですよ」

病人は煎じ薬をすべて飲み干し、夜中に多量に腹の中の物を吐き出しました。

その後、目からもたくさんの黄色い濁った膿を出しました。

翌朝、病人は回復しました。娘の病気は治っていました。

「おかげさまです」

家の主人は、黙って男に牛を一頭差し出しました。

注釈：

注1　ルリプンティ：『ルリプンティ』はアイマラ語。ナス科の植物、チョウセンアサガオの一種で、鎮痛剤、麻酔薬として使われる。多量に摂取すると強い覚せい、幻覚作用をもたらす。呪いにも利用される。

注2　コカの葉：南米原産の常緑灌木。アンデス地方の先住民は、滋養強壮に乾燥させたコカの葉を噛む習慣がある。病気を治療するための薬、儀式や占いにも日常利用される。先住民の医者は病人を治療する前に、まずコカの葉で病状を占う。麻薬、コカインの原料ともなる。

注3　医者：先住民の伝統医になるためには、雷に打たれる、一度死んで生き返る、など超自然的な経験、この世とは別の世界を見る経験が必要であるとされる。

注4　医者になった：死霊の声を聞いた経験によりこの男は医者になった。自分で勉強して医者になったのではなく、天がこの男を医者にしたのである。

原作：『さまざまな話』、ラパス、ボリビア、二〇一二
語り：キンティン・パイルマニ、ボリビア、一九八二
編集：フェリックス・ライメ・パイルマニ

第十四話　フクロウ

ある夜、一羽のフクロウ[注1]が酔っぱらって道を歩いていました。主人に呪いをかけた後、大声で歌いながら歩いていました。

「隠したぞ、隠したぞ、
イヌの頭じゃない、イヌの腸《はらわた》でもない、
モモだ、モモだ、ブドウだ、ブドウだ」

その声を聞いた近くにいた通行人たちは、たちまちフクロウを捕まえて服を剥ぎ取り丸裸にしました。

フクロウは叫びました。

「助けてください！　助けてください！」

一人の貧しい男がフクロウに近づきました。

「旦那さん、服を取られて素っ裸にされてしまいました。

油を持っていたら、その油を私の体に塗ってください」


その通行人はひどく貧しい男でした。

「誰かに頼んでみよう」

そう言って知り合いに頼んで油をもらい、フクロウの体に塗ってやりました。


「[注2]あんたは医者だ」

フクロウは言いました。

「さあ主人の家に行こう。

『私は医者です、ベッドの下のイヌの死骸《しがい》が病気の元です』、と言うのだぞ。

お前さんのマントを俺に着せてくれ」

「はい」男は自分のマントをフクロウに着せ、フクロウの体を覆いました。
フクロウは歩き出しました。

長い道のりでした。男は不安になりもう引き返そうか、と考えました。
やっと主人の家に着きました。

「あんたは医者かね」
「はい、私は医者です。旦那様」
そう言って、コカ[注3]の葉を見ました。

(その男はそれまで、コカの葉を噛むことも見ることも知りませんでした。医者ではありませんでした。フクロウに出会ってから医者になったのです)

「よくあることです、旦那様は呪いにかけられています。

誰かがイヌの死骸を隠したのです」

男はフクロウに教えられたとおりに言いました。

「イヌの死骸を引き出せば治ります」

「治療費は望むだけ払うから、治してほしい」

男はベッドの下からイヌの死骸を引き出しました。

そして治療費として、主人からたくさんのお金や食べ物を受け取りました。

注釈

注1　フクロウ：フクロウは知恵の象徴とされる。この話の中では人間に化けて現れる。

注2　あんたは医者だ：アンデスの先住民の社会では医者になるには雷に打たれる、一度死んで生き返る、などの超自然的な経験、この世とは別の世界を見る経験が必要とされる。

この物語では、フクロウとの超自然的な交流により男は医者になった。

注3　コカの葉を見ました：コカは南米原産の常緑灌木。

アンデス先住民の医者は、治療の前にコカの葉を見て病気を占う。

また、滋養強壮に乾燥させたコカの葉を噛む習慣もある。

病気を治療するための薬、儀式や占いにも日常利用される。

麻薬、コカインの原料ともなる。

原作：『さまざまな話』、ラパス、ボリビア、二〇一二
語り：ペトロニラ・コパ・デ・ライメ、ボリビア、一九八二
編集：フェリックス・ライメ・パイルマニ

第十五話　ヤマネコの飛び込んだ井戸

アンデス山脈の麓《ふもと》、チチカカ湖の湖畔《こはん》に一つの村があります。
その村には、透き通った美味しい水のこんこんと湧き出る井戸があります。
この井戸の水を飲めば、病気も治ると信じられています。

いつごろ、どのようにしてこの井戸が掘られたのか、お爺さんに聞いてみました。
お爺さんは次のように教えてくれました。

「わしがまだ少年だったころ、ある夜、家の外へ出たんじゃ。
その夜は、強い風の吹く真っ暗な夜じゃった。月も星も見えんかった。
湖も真っ黒でのう、木は風に吹かれて轟々《ごうごう》とうなっておった」

第十五話　ヤマネコの飛び込んだ井戸

「ふと、真っ暗闇《くらやみ》の中、家畜囲いの向こうに二つの光る目が見えた。

それを見て、わしはびっくりした。怖くて体が震えた。

『何だろう。大きい犬かのう。ひょっとして化け物かのう』

「近づいてみると、大きなヤマネコがこっちを見て、わしに飛びかかろうとしていた。

それを見たわしは、傍にあった棒を手に取って逆にヤマネコに飛びかかった。

『これでも喰らえ』と言って、棒で殴りつけた。

一発殴りつけたら、ヤマネコはカヤツリグサの茂みの中に飛び込んだ。

茂みの中をあちこちと探してみたがネコはいない。

と、突然藪の片隅からわしに飛びかかってきた。

わしの上を飛び越えて反対側の地面に着地した。

わしが棒で殴り付けようと思って振り向いたときには、もうネコは地面の中に消えていた。

そのあたりには、もう何もなかった」

「怖かったのう、冷や汗をかいて家に戻った。おやじもおふくろも死んだように眠っていた。わしは黙ってベッドにもぐりこんだ。その晩は、一晩中ヤマネコのことを考えて一睡もできんかった」

「次の日、朝早くからおやじとおふくろと畑に出る用意をしていたら、突然おやじが、『水が入口の前を流れているぞ。どこから流れてきとるんだろう。誰かが水を流しとるんじゃろうか』、と叫んだ。

『早よ出てきて、お茶を沸かす水を汲みなさい』

おふくろもわしを呼んだ。

外に出てみると、入口の前を大量に水が流れていた。

家の上手のヤマネコが飛び込んで消えたあたりに行って見ると、そこからこんこんと水が湧き出しておった。

水は透明で、輝くようなきれいな水だった。

兄貴に知らせたら、兄貴は、

『占い師に見てもらおう』と言った」

「わしたちは水の溢れ出している場所を掘ってみた。

ヤマネコはどこにも見当たらなかったが、水はますます地面の下から溢れ出してきた。

それで、おやじと一緒に周りの粘土を叩いて固めたんじゃ」

お爺さんはこのように話してくれました。

その日以来、井戸は水を湧き出し続けています。

住民たちはその井戸を大変重宝《ちょうほう》しています。
付近、四地区の住民がこの井戸の水を飲んでいます。
女性や娘さん、少年や少女たちは、毎日水瓶《みずがめ》に水を汲んで家まで背負って運んでいきます。

この井戸の名前は『ヤマネコの飛び込んだ井戸』といいます。

原作：『不思議な話』、ラパス、ボリビア、二〇一二
語り：エンカルナシオン・キスペ・パレデス、（雑誌ハイマより）、ラパス、ボリビア、一九八三
編集：フェリックス・ライメ・パイルマニ

第十六話　小さな少女が旅人を泊めた話

これは私の知っている短い話です。

夫婦が小さなネコを飼っていました。

夫は家畜を追って放牧に出かけ、昼間はいつも家を留守にしていました。

妻が死んでからは、誰もいない家を怖がり夫は夜も家には泊まりませんでした。

家には子ネコが一匹いるだけでした。


ある日、旅人が家にやって来ました。

「今晩は、今晩は、お宅に一晩泊めていただけませんか」

「はーい、旅の方ですか」

鼻水を垂らした少女が出てきて、旅人の大きな帽子を怖がるように言いました。

第十六話　小さな少女が旅人を泊めた話

「今晩はお嬢ちゃん、お父さんは」

「父さんは出かけていません。家には私だけです」

「お嬢ちゃん、一晩泊めてもらえませんか」

「だめです、泥棒かもしれませんから」

「私たちは決して泥棒なんかじゃありません。お宅の軒下で良いですから泊めてくださ い。何も盗んだりはしません。もう外は真っ暗なので」

「それなら、こちらで休んでください」

少女は旅人たちを、台所に案内しました。


子ネコが少女になりすまして旅人たちを家に泊めたのです。

「あーあ、背中が痛いわ」

少女は背中を伸ばしました。

旅人たちはその夜、台所で休みました。

翌朝早く、夜明け前に家の主人が戻ってきました。

旅人たちは、まだロバの積み荷を下ろしたままでした。

「なんで商人たちが家に一杯いるのだろう」

主人は驚きました。

「旦那さん、お宅に一晩泊めてもらいました。

小さな娘さんが私たちを泊めてくれたのです。怒らないでください。娘さんを叱らないでください」

「私には小さな娘などいないが」

「娘さんが『背中が痛いわ』と言いながら出てきて泊めてくれたのです。

そこのかまどの横で寝ていましたけど」

「私には小さな娘はいない。妻と二人暮らしだったが、妻に先立たれ一人きりになった。

家に一人でいるのが怖いので、夜は兄の家で休むことにしている。家には子ネコが一匹いるだけだ」

「まさか！　その子ネコが私たちを泊めてくれたのでは」

ネコが一人暮らしの主人の家を守っていたのです。子ネコが少女になりすまして旅人たちを家に泊めたのでした。

原作：『不思議な話』、ラパス、ボリビア、二〇一二

語り：ペトロニラ・ワスコ、ラパス県、ロスアンデス郡、ラッハ町、ボリビア（一九八七年、彼女が七十六歳のときに話してくれました）

録音：マリア・アンドレア・キスベルト

編集：フェリックス・ライメ・パイルマニ

第十七話　婿《むこ》の湖

イジャンプ山[注1]の裏側の山中に、一つの湖があります。

そのあたりは住む人もまばらで、山の麓から家畜の放牧にヒツジ飼いたちが来るだけでした。


ある日、ヒツジ飼いの娘が湖の近くでヒツジを追いながら糸を紡《つむ》いでいると、一人の身なりの良い若者が現れました。

娘は若者と親しくなり、二人は毎日一緒に楽しくときを過ごしました。

やがて二人は愛し合い、若者は娘に結婚を申し込みました。

「ぼくはあなたがとても好きです。結婚してぼくの家に一緒に行きましょう」

娘は首を縦に振り、ヒツジを放したまま若者と湖に向かい、湖畔に着くとそのまま、若者と共に湖の中に消え去りました。

日も暮れ、娘の放置したヒツジたちは方々に散らばっていきました。

家では、娘の父親も母親も娘の帰宅を心配して待ちわびました。

娘が帰ってこないので両親は娘を探しに出かけ、付近の家を一軒一軒と、聞いて回りました。

どこにも娘はいません。

散らばったヒツジたちだけが草を食んでいました。

泣きながら、疲れ果てて探し続けました。


ある日、娘の母親は湖の近くの山中を歩いているとき、偶然にも娘が湖畔で糸を紡いでいる姿を見ました。

大急ぎで娘の所へ走って行きましたが、娘は糸を紡ぐ道具を置いて、湖に飛び込んで逃げ去りました。

第十七話　婿の湖

娘の置き忘れた道具は、金でできていました。


母親は泣きながら大声で娘を呼びました。

すると湖の中から娘の声が聞こえました。

「お母さん泣かないで、その金の道具を持ってお家に帰ってちょうだい」

母親は呆然と、魂を失ったように家に戻り、夫に出来事を語りました。


翌日、両親は一人の[注2]祈祷師《きとうし》に話しました。

祈祷師は自分の手には負えないと思い、両親を[注3]怨霊師《おんりょうし》の所へ行かせました。

怨霊師は[注4]すべての神々を湖に呼び寄せました。


神々は娘と若者に呼びかけました。

姿は見えませんが、娘と若者がやって来ました。

「私には夫があります」

娘は大声で叫びました。

「お願いです、怒らないでください。雨を降らして差し上げますから」

若者は懇願しました。


それ以後、娘の両親はこの湖を『婿の湖』と名付けました。


今では、この湖の存在は付近の村に住む多くの人たちに知られています。

旱魃《かんばつ》のときには、多くの人たちが雨乞《あまご》いにこの湖にやって来ます。


雨乞いの儀式は、まず湖畔で湖の神にお供えをし、雨を願います。その後、湖の水を壺に汲んで村へ持って帰り畑に撒きます。

儀式のときに湖が波立っていなければ吉、波立っていれば凶、湖が怒っている、といわれています。

雨乞いの儀式は祈祷師や怨霊師が行います。

山の上から眺めた湖の景色はとても神秘的です。
山の奥深く崖に囲まれ、小さく波立った、深緑の水をたたえた湖。
このような湖は他のどこにもないでしょう。

注釈

注1　イジャンプ山：アンデス山脈の高峰の一つ。標高六四八五メートル。
注2　祈祷師：この話の中では、普通の占い師の意味で使われている。
注3　怨霊師：死者の霊魂や神の世界と交流ができる人物。
注4　すべての神々：アンデスの先住民族は、日本と同じように、山にも湖にも岩にも、あらゆる場所に神々が宿り我々を守ってくれている、と考えている。

原作：『守り神の話』、ラパス、ボリビア、二〇一二
著者：カシルド・コンドリ、ルトゥ・フロレス、エンカルナシオン・コパ、
フェリックス・ライメ・パイルマニ、ボリビア、一九九六
編集：フェリックス・ライメ・パイルマニ

第十八話　旦那さん、旦那さん

昔ティワナコ[注1]の石の遺跡は、今のように博物館の中に保存されず、道路の真ん中に石柱が突っ立っていました。

一人の男が日曜日にティワナコの市場に出かけ、友達と飲み歩き、喋り合っているうちに真夜中になりました。

酔っぱらって家に帰る途中、道の真ん中に立っている石にぶつかりました。すっかり酔っぱらって寝ぼけていた男は、手にしていた酒瓶《びん》をその石にぶつけて、中身の酒を石に振りかけました。

「旦那さん、旦那さん、ここで立ち止まってはいけませんよ。ここは道路ですよ。まっすぐ進みなさい！　酒をありがとう」

第十八話　旦那さん、旦那さん

誰かがそう言うのを聞きました。


男はそのまま家に帰りました。

翌朝目が覚めると、荷物が何もないのに気づいて奥さんに聞きました。

「お母さん、俺の荷物を見なかったかい」

「私は何も見ませんでしたよ。あなたは、手ぶらで戻ってきましたよ」


男は、荷物を探しに家を飛び出しました。

自分の足跡をたどり、荷物を見つけました。

一本の突っ立った人間の顔をした石柱の下にありました、割れた酒の瓶もそこにありました。

男は荷物を背負って家に戻りました。


その夜、夢を見ました。

「旦那さん、旦那さん、ここで立ち止まってはいけませんよ。ここは道路ですよ。まっすぐ進みなさい！　酒をありがとう」

夢の中で誰かが言いました。

男は、何のことだろうか、と不思議に思いました。


次の日の夜も、同じ夢を見ました。

「旦那さん、旦那さん、ここで立ち止まってはいけませんよ。ここは道路ですよ。まっすぐ進みなさい！　酒をありがとう」

妻にも夢のことを話しました。


翌日、二人は祈祷師の所へ行き、夢のことを話しました。

「旦那さん、旦那さん、ここで立ち止まってはいけませんよ。ここは道路ですよ。まっすぐ進みなさい！　酒をありがとう」

祈祷師は、コカの葉を見て言いました。[注2]

「あれは、守り神様なのです。だから夢の中に出てきたのです。あの石柱は守り神様の顔をしています。

あなたはあの石柱に酒瓶をぶつけて、酒を振りかけました。酒をお供えしたのです。神様はとても喉が渇いていらっしゃったので、『酒をありがとう』とおっしゃったのです。

コカの葉はこう語っています」

「怖がることはありません。あなたは善い行いをしたのです。もう神様は夢には出てきませんから安心なさい」

その守り神様は、昔は何と呼ばれていたのでしょうか。何の神様だったのでしょうか。それはわかりません。おそらく怨霊師に聞けば答えてくれるでしょう。

注釈

注1　ティワナコ：ラパスの近郊にあるアイマラ族など先住民族の聖地。考古学的に重要な遺跡がある。

注2　コカの葉を見て：コカの葉は南米原産の常緑灌木。

先住民の祈祷師や医者は占いや治療の前に、まずコカの葉に尋ね、コカの葉の答えに従って占いや治療を行う。

アンデス地方の先住民は、滋養強壮に乾燥させたコカの葉を噛む習慣がある。

また麻薬のコカインの原料にもなる。

原作：『守り神の話』、ラパス、ボリビア、二〇一二
編集：フェリックス・ライメ・パイルマニ

ティワナコの遺跡（太陽の門）

第十九話　コンドルとハチドリ

その昔、コンドル[注1]は人間のように生活していました。白い美しいマフラーを首に巻き、黒い上着を着て、毎日ヒツジ飼いの娘と話して遊びました。

その娘は金持ちの一人娘でした。

ある日、娘は山の上にヒツジを追っていきました。

「お嬢さん、とても愛しています。ぼくの家に一緒に行きましょう」

コンドルは娘を誘いました。

「ぼくを後ろから抱きしめてください」

娘はコンドルの背中を抱きしめました。

第十九話　コンドルとハチドリ

突然、コンドルは娘を背中に背負ったまま飛び上がり、高い山の上の自分の家に運んでいきました。

「これを食べなさい」

コンドルは娘に、生のロバの肉を与えました。

娘は生肉を食べようとはしません。

コンドルは肉を焼きに出かけました。

肉を焼くことはできず、肉を灰の上に転がしました。

「火で焼いた肉を持ってきて」

コンドルは、灰で燻《いぶ》した肉を娘に運んできました。

こうして五年が経ち、三人の子供が生まれました。

娘の両親は、とても心配して娘を探しました。

ある日、家の庭に一羽のハチドリ[注2]が飛んできました。

母親はハチドリを追い出そうと家から出ました。


ハチドリは母親に言いました。

「娘さんは誰も近づけない高い山の上で、毎日泣いているよ」

「娘を運んできておくれ、この庭の花は全部お前にあげるから」

母親はハチドリに懇願しました。


ハチドリは、コンドルが留守の間に家から娘を運び出しました。

家に帰ると娘がいません、コンドルはあちこちと娘を探しました。

子供たちにも聞きました、が見つかりません。


コンドルは、すべての鳥を呼びましたが、どの鳥も知りません。

「ここにいないのは誰だ」

「ハチドリがいないぞ、やつが犯人に違いない！　ハチドリを呼べ」

コンドルはカンカンに腹を立ててハチドリの巣に飛んでいきました。

「ハチドリ！　話がある、出てこい」

「すぐ出ていきますから、ちょっと待ってください。今、服を着て靴を履きますから」

ハチドリは答えました。

しかし、なかなか出てきません。

ハチドリはその間に、巣の反対側に穴を開けて、そこから逃げようとしました。

コンドルは逃げようとしたハチドリを捕まえると、小さく、小さく千切りました。

小さな切れ端からは、たくさんの小さくなったハチドリたちが現れ飛び回りました。

コンドルは、そのハチドリの群れを一羽の鳥のように飲み込みました。

一段と小さく、小さくなったハチドリたちが、何羽も何羽も肛門から出てきました。

その日以来、ハチドリは小さくなりました。鳥の中でも一番小さな鳥になってしまい、花の蜜だけを吸って生きるようになりました。

その昔は、ハチドリは大きな鳥で、この話のように人間も乗せて運べた、といいます。

注釈

注1　コンドル：アメリカ大陸に生息する猛禽類。羽を広げると三メートルに達する。

注2　ハチドリ：アメリカ大陸に生息する体長数センチから十センチ程度の小鳥。ハチのように飛びながら花の蜜を吸う。

原作：『アイマラの伝説』、ラパス、ボリビア、二〇一四

語り：ラウル・チュラ・コンドリ、ラパス県、オマスユ郡、ボリビア、（雑誌ハイマより）

編集：フェリックス・ライメ・パイルマニ

第二十話　サカンパヤ村のチョケラ・カミリ

お爺さんが昔あった話を、私に話してくれました。

その昔『サカンパヤ』という町がありました。

二つの川が合流して、一つになる所にその町はありました。

昔は、かなり大きな町だったといいます。

その町に、[注1]チョケラ・カミリ・ベルニータという名の、一人の美しい洗濯娘が住んでいました。

ある日、川で洗濯をしていると、一人の若者が彼女に近づきました。

若者は娘に話しかけ、二人は親しくなりました。

第二十話　サカンパヤ村のチョケラ・カミリ

二人はいつも川で落ち合い、話をしました。

若者は、町の中には決して現れませんでした。

そのうちに若者は夜もベルニータの家に来るようになり、やがて彼女は妊娠しました。

「生まれてくる子供たちは、血と油で育ててくれ。死なせたらダメだぞ」

子供が生まれました、すべてヘビの子供たちでした。

ベルニータは、その子供たちを壺の中に隠しました。

母親に見つからないように、毎日朝と夕方、自分の鼻を針で突いて血を出して、その血で子供たちを育てました。

ベルニータはすっかりやせ細り、顔色も蒼白になりました。

「娘はすっかり痩せこけたが、どうしたのだろう。顔色も悪いが」

母親は心配して、ベルニータの友達に相談しました。

「どうして娘はあんなにやつれたのだろう。娘に聞いてみてくれない」

友達はベルニータに尋ねました。

「どうしたの、ベルニータ」

「ヘビの子供たちが生まれたの。それで、鼻から血を抜いて、その血で子供たちを育てているの。

若者がそうしろ、と言ったの」

友達は母親に知らせました。

母親は娘に問いただしました。

「どうして、そんなことをしているのさ」

「ある若者が毎晩家に来て、彼と親しくなったの」

「上着に糸を結び付けてその後を追って、彼が何者だか調べたら」

その夜も若者は家に来ました。

ベルニータは、彼の上着にこっそりと気づかれないように糸を結び、母親と二人でその糸を追いました。

糸は町を出て、大きな石の転がっている河原に入っていきました。

石の間には、一匹の大きなヘビが横たわっていました。

糸はその大きなヘビに結び付けられていました。


「ヘビじゃないの！　あの若者はヘビなのだわ！」

母親と娘は驚きました。


二人は家に引き返すと、ヘビの子供たちを町の中央の広場にある教会に持っていきました。

神父様はお祈りをした後、ヘビの子供たちをすべて焼き殺そうとしました。

その瞬間、町[注2]は呪いにかけられました。

町[注3]全体が石に変わりました。

教会も、神父も、住民も、イヌも、道路も、建物も、すべて石に変わりました。

ベルニータだけは呪われないで今も生きている、といわれています。

彼女は永遠に、市場で子供たちのために油を買っている、とお爺さんは語ってくれました。

注釈

注1　サカンパヤ村のチョケラ・カミリ：これはアンデス山脈山麓の、渓谷地帯から亜熱帯地方に伝わる伝説です。ラパス県とコチャバンバ県の境界には、サカンパヤ川と呼ばれる川が流れており、サカンパヤという村もあります。

『サカンパヤ』はアイマラ語。

「わっ！　ヘビだ、ガラガラヘビだ、まあ！　ヘビじゃないの」といった意味です。『チョケラ・カミリ』はアイマラ語。

富子さん、豊子さん、福子さん、といった意味です。

注2　町は呪いにかけられました：ヘビが人間を呪うのは、キリスト教の影響だと思われます。先住民族アイマラ、ケチュワの社会では、脱皮して常に新しく生まれ変わるヘビは、コンドル、ピューマと共に神秘的な力を持った神の使者、守り神として崇められています。

注3　町全体が石に変わりました：罪のない生き物を焼き殺そうとした罪の意識が、すべてを緊張させてこわばらせ石に変えたのだ、とも考えられます。

原作：『アイマラの伝説』、ラパス、ボリビア、二〇一四
語り：マリナ・アルカサル、ラパス県、インキシビ郡、カバリ村、ボリビア、一九九六
録音：ブルノ・アギレ・キニョネス
編集：フェリックス・ライメ・パイルマニ

第二十一話　若者とヤマウズラ

一人の若者が、小さな村に母親と一緒に住んでいました。

若者には、父親も兄弟もいませんでした。

若者は毎朝、ヒツジとリャマ[注1]を追って草原に放牧に出かけ、家畜たちを自分の娘のように大事にかわいがっていました。

夕方には、家畜の群れを連れて家に帰りました。

ある日、若者は草原で一人の美しい娘に出会いました。

若者は、大きな白いヒツジを追いながら娘に近づき話しかけ、二人は親しくなりました。

日暮れになり若者は、

「もう家に帰らなければならない」

と告げました。

すると、娘はヤマウズラに変わりました。

若者はそのヤマウズラをチュスパ[注2]に入れて自分の家に持ち帰りました。

それからは毎日、ヤマウズラをチュスパに入れて家に持ち帰りました。

若者は娘のために、炒《い》ったトウモロコシを持って放牧に出かけ、毎日娘と一緒にヒツジを追いました。

若者は母親には何も話さず、母親は何も知りませんでした。

ある日、若者は家畜小屋に家畜を追っていき、チュスパを置き忘れてしまいました。

昼近くなってチュスパを忘れたことに気づき、

「あっ！　チュスパを忘れてしまった！」

若者は一日、寂しく家畜を追って過ごしました。

第二十一話　若者とヤマウズラ

その日、母親は家畜小屋に行き、若者のチュスパを見つけました。

「あの子はヤマウズラを捕まえてきたのだわ」

ヤマウズラを手にして、考え込みました。

「あの子が放牧から帰ってくるまでに、このヤマウズラを料理しておこうかしら」


夕方、若者は寂しく家に戻ってきました。

急いで家畜を囲いに入れて、チュスパを探しました。

チュスパは地面に落ちており、拾い上げてみると中は空っぽでした。

母親には何も尋ねませんでした。


「家の中にお入りなさい、晩御飯ですよ。あなたの捕まえたヤマウズラを料理しましたよ」

母親が若者を呼びました。

「どうしてヤマウズラを料理したのさ！」

「あれは料理してはいけなかったのに。俺の親しい知り合いだったのに」

若者は泣きながら黙って料理を食べました。

娘のことは一言も喋りませんでした。

食べ終わると、その骨を宝物のように大事に懐《ふところ》にしまいました。

「俺はある娘と知り合いになったんだ。

母さんは料理してしまったけど、料理してはいけなかったんだ」

「もっと詳しく話しておくれ」

若者は黙ったまま、寂しそうに床に就きました。

翌朝、彼は悲しみに沈んでヒツジとリャマの放牧に出かけました。

大事に取っておいたヤマウズラの骨で、一本の縦笛を作りました。

若者は毎日家畜を追いながら、その笛を悲しく美しく吹きました。

ある日、ヒツジとリャマを放牧している所へ強いつむじ風が起こり、若者は、つむじ風と一緒に回りながら消え去りました。

その日以後、若者を見た者は誰もいません、どこに行ったのか誰も知りません。風と一緒にどこかへ消えてしまった、それだけが知られています。

第二十一話　若者とヤマウズラ

注釈

注1　リャマ：アンデス高原原産のラクダ科の家畜。肉は食用、毛は衣類に利用される。また、以前は物資の運搬にも利用された。

注2　チュスパ：ヒツジやリャマ、アルパカなどの毛で織った布で作った、肩から掛ける袋。

原作：アンデスの語り部、『アイマラの物語』、ラパス、ボリビア、一九九二

語り：テオヒロ・ファブリカ・チャンビ、ポトシ県、アロンソ・デ・イバニェス郡、ピリウィルキ村、ボリビア

第二十二話　早起き鳥（雄鶏《おんどり》とプクプク）

むかしむかし、王さまと妃《きさき》が大きな町に住んでいました。

二人は、朝早く畑を見に行こうと思いました。

朝早く起きるために、プクプク[注1]と雄鶏の二羽の鳥を呼びました。

「朝早く起きて畑を見に行きたいので、私たちを起こしてくれ」

「王さま、私が起こして差し上げますとも」

プクプクは、王さまにへつらいました。

「王さまは何時に起きたいのでしょうか。私が鳴いて時間をお知らせしましょう」

雄鶏も答えました。

「畑に行く私たちをちゃんと起こしてくれた方が、今後は国中の人々を朝起こすのだ」

王さまはそう言って妃と共に床に就きました。

真夜中、みんながまだぐっすり眠っているときにプクプクは、

「ティヒンキ、ティヒンキ、ティヒンキ！　プク、プク、プク」

と鳴きました。

王さまと妃は飛び起きましたが、夜空を見上げるとまだ真夜中の星座でした。

夜明けにはまだ間がありました。

王さまはカンカンに怒って、再び床に就きました。

プクプクは王さまが怒ったのを見ると、怖がって飛び去りました。

「もっと後で起こしてあげよう」

と言いながら、飛んでいるうちに寝込んでしまいました。

雄鶏はまず、夜明け前に鳴きました。

「コケコッコー!!!」

「雄鶏が鳴いたぞ、もう時間かな」

王さまは外に出て、星空を見上げました。確かに夜明けが始まる時刻でした。

二回目に雄鶏が鳴いたときは、ちょうど夜明けでした。

王さまは起きて畑に出かける準備をしました。

三回目に雄鶏が鳴いたとき、王さまは畑に出発しました。

王さまは雄鶏に言いました。

「今後は、お前が国中の人々を朝起こすのだ」

それ以来現在まで、雄鶏が鳴いて時を告げて、人々を起こしてくれるようになりました。
雄鶏は早朝に三回鳴いて、私たちに時を知らせてくれます。

注釈

注1　プクプク：朝に晩に『プクプク』と鳴く小鳥。シジュウカラの一種。

原作：アンデスの語り部、『アイマラの物語』、ラパス、ボリビア、一九九二

語り：エウヘニオ・ハイジータ、ラパス県、パカヘ郡、タラコジュ村、ボリビア

第二十三話　青い湖

コチャバンバ[注1]の近くに『青い湖（アスールコチャ）』と呼ばれる湖があります。

元々は、『アシィルコタ』と呼ばれたのかもしれません。

アイマラ語でこれは、『ヘビの湖』という意味です。

コチャバンバ周辺には、現在はケチュワ族が住んでいますが、昔はアイマラ族が住んでいました。


付近には小さな町がたくさんあり、住民たちの間には、この湖にまつわる一つの伝説が伝わっています。


その昔、『青い湖』は湖ではありませんでした。

たくさんの人々が住む大きな町でした。

第二十三話　青い湖

その町で、一人の若者が娘と愛し合い、結婚することになりました。

町には一人の貧しい女性が住んでおり、若者と娘は結婚式の日に、その女性を料理婦として呼びました。

彼らは、ある日曜日に結婚しました。

日曜日は町では市場が開かれており、周辺の町や村からたくさんの人たちがやって来ていました。

お昼に、結婚式ではみんなで昼食を食べました。

そのとき、鼻水を垂らしたみすぼらしい老人が入ってきて、人々に食事をねだりました。

しかし誰も食事を与えようとはせず、逆に老人を馬鹿にして追い出そうとしました。

料理に来ていた一人の貧しい女性は、それを見て老人に料理を差し出しました。

老人は大喜びで差し出された料理を食べました。

「あなたはとても心の優しい人です。でもあなた以外はみんな、心の冷たい人たちばかりです。

ですから、この町には大きな罰が科せられます。

あなたは、ここから遠くへ逃げなさい。

でもあの山の上に着いたとき、決してこちらを振り返ってはいけませんよ」


そう言って、老人はその場を立ち去りました。


日暮れどき、その貧しい女性は、子供とイヌと身の回りの物を持って町を去りました。

山の上に着いたとき、ふと老人の言った罰を見たくなり、町の方を振り返りました。

その瞬間、彼女[注2]は石に変わってしまいました。

町はすべて水で覆われていました。

その日から今日《こんにち》まで、湖は存在しています。
人々は『青い湖』について、このように語っています。

注釈

注1　コチャバンバ：ボリビア中部に位置する、ボリビア中部の中心都市。人口約百万人。

注2　彼女は石に変わってしまいました：『してはいけない』、と禁止されたことを、好奇心から行ってしまった心の呵責と、恐怖心が体を緊張させ、こわばらせ、固まらせ、彼女を石に変えてしまったのだ、とも考えられます。

原作：『ケチュワ語の学習』
　在ボリビア、ノルウェー、ルター派伝導団、コチャバンバ、ボリビア、一九八七

著者：ダニエル・コタリ・グティエレス

第二十四話　雹《ひょう》と雷《かみなり》

ニワトリを一羽手にして歩いている旅人に、一人の白いひげの男が近づきました。

「こんにちは、旦那さん」

「やあ、こんにちは」

「怖がらないでください。そのニワトリをどこに持って行かれますか。売るのならば、私に売ってください。一緒に歩きましょう」

「売りにユンガス[注1]地方まで持って行きますけど、あなたにお売りいたしましょう、旦那さん。一緒に歩きましょう」

（この白いひげの男は一体誰でしょうか）

ニワトリを持った旅人は、白ひげの男をお金持ちと見て、彼と一緒に行くことにし

ました。

二人は話しながら歩いていきました。

「ここはどこですか。素晴らしい所ですね。この光り輝く雪を頂いた山の中に町があるのですね」

「ここが私の町です。行きましょう、ここであなたのニワトリを買いましょう」

「まるで黄金のように輝いていますね。あれは何ですか、翼を持った小さな子供たちが、白い丸い玉を作っていますね」

「よそには行かないでください。ここに滞在しましょう。ごらんのとおり、ここは素晴らしいもので一杯です。さあ、町に入りましょう。ニワトリのお金を払いますよ」

こうして、ニワトリを持った旅人は、イジマニ[注2]という名の山の中の光り輝く町に来

ました。

そこはすべてが黄金でできていました。

翼を持った小さな子供たちは旅人に話しかけました。

「おじさん行かないで、今から良く実ったいろんな作物の収穫に行きましょう」

「ここにはぼくたちだけで住んでいます。おじさんのような大人の人は一人も住んでいません」

「そうですともおじさん、ここにずっと居てください」

白いひげの男が旅人に尋ねました。

「これは何でしょうか」

「旦那さん、これは黄金の鍋ですね」

旅人は、その黄金の町にすっかり驚かされました。そして、黄金の鍋の中を見ました。

「あれ、どうしたのだろう。黄金の鍋を見たら目の前が真っ暗になった。何も見えない。どうしたことだ」

「怖がらないでください。何でもありません」

「目が見えないと、家に戻れない」

「さあ、この小太鼓を叩いてください。私と一緒に行きましょう」

(こうして、旅人は白いひげの男の言うままになりました。黄金の鍋を見て眼が見えなくなりました。小さな子供たちは、「よそに行かないで」と言います。今度は小太鼓を叩き始めました。はたしてこの光り輝く町を出ることができるでしょうか)

眼が見えなくなった男は、小太鼓を叩きながら進みます。

「こうかなあ、トン、トン、トン、ずっと叩き続けるのかなあ。トン、トン、トン」

白ひげの男は一緒に進みます。

心の中で「この間抜けな男は怖がっているぞ」

そう思いながら、彼に言います。

「なんでもないから、怖がらないでください」


（旅人はこうしてずっと叩き続けるのでしょうか。

それとも彼の眼は見えるようになるのでしょうか）

「私は何を見たのでしょうか。からかわないでください。ずっと叩き続けるのですか」

「ははは、何を怖がっているのです。何でもありませんから、前に進んでください。

さあ、この鍋の中を見てください」

「あれ、目の玉が鍋から飛び出してきて元に戻ったようだ。目が見えた！」

旅人はとても驚きました。

第二十四話　雹と雷

今は白いひげの男と一緒に楽しそうに歩いていきます。


旅人はそこで素晴らしいものを見ました。

「もう安心しましたか。あれを見てください」

「素晴らしいですね。ここは素晴らしい土地ですね」

「よく見てください。ここの生活はどうです。まだ怖がられていますか」

「これは、まったく素晴らしいですね。これが本当の生活ですね。

どうして怖がるものですか。本当に幸せです」


こうして旅人は目が見えるようになりました。

白ひげの男は、彼と一緒に歩きます。

旅人はとても驚きました。この土地にはあらゆる作物が実ります。

旅人はここから出て行きたくありませんでした。

ずっとここに居ようと思いました。

白ひげの男は旅人に説明しました。

「今あなたは目が見えるようになりました。新しい良い目を手に入れたのです。

これから先は、良く見える目を持った祈祷師になるのです。

今ここであなたは素晴らしいものを得たのです」

「ここの翼を持った子供たちはどのような子供なのでしょうか、旦那さん。

私は今まで見たことも会ったこともありません」

「彼らはリンプ[注3]と呼ばれる子供たちです。名前もなく死んだ子供たちです。

彼らは雹[注4]を作っているのです。

父親と母親から捨てられた子供たちの魂です。

ですから、いつも雹が大地に降り作物がダメになるのです」

「そうですか、今わかりました」

こうして旅人は、白いひげの男と出会って素晴らしい能力を得ました。

さて、この白ひげの男は誰でしょうか。


「私はこれから村に戻ります。そして祈祷師[注5]になるのですね」

「そうです、そのために私はあなたに良く見える目を与えたのです」

「ところであなたは誰ですか。

リンプの子供たちは、親と一緒に居ることができません。

あなたは、この子供たちの面倒を見ているのですね」

「そうです。この子供たちは雹を降らし農作物を傷《いた》めて、捨てた父親や母親たちを懲《こ》らしめているのです。

私のことをみんなこう呼びます。

私は『雷』です。私が出かけるときはいつも雹と一緒です。

わかりましたか。私があなたに新しい目を与えたのです」

この白いひげの男は、雷となって旅人に出会いました。
そして彼を光り輝く町まで連れてきました。
その光り輝く町はイジマニ山でした。
アイマラの人たちにとってイジマニ山は非常に親しまれている山です。

注釈

注1　ユンガス地方：アンデス山麓の亜熱帯地方。

注2　イジマニ：ラパス市近郊のアンデス山脈の高峰（標高六四六二メートル）。ラパスの象徴的な山。アイマラ語では「豊かさをもたらすお守り」という意味がある。

注3　リンプ：生まれる前に中絶された胎児、死産した胎児、または洗礼名を受ける前に死んだ赤ん坊。リンボとも呼ばれる。

注4　雹：アンデス高原では、雹が降ると農作物が傷つき収穫が無くなるので怖がられている。

注5　祈祷師：アイマラ社会では、雷に打たれ生き返った人は、普通の人間の持っていない新しい能力を得ると信じられている。
先住民の社会では、祈祷師、占い師、伝統医などになるためには、この世とは別の世界を見る必要がある、といわれる。死者の世界、霊魂の世界のような別の世界を見ることによって、普通の人にはない能力が得られるのであろう。
この話で、旅人は雷と出会い、この世で生きることができなかった、中絶された胎児、赤ん坊たちの世界を見ることにより、祈祷師としての能力を授けられた。

語り：ナルシソ・ママニ
ラパス県、ロス・アンデス郡、カルウィサ村、ボリビア
アイマラの図書、物語七、『雹《ひょう》と雷《かみなり》』
サン・ガブリエル　ラジオ放送、ラパス、ボリビア、一九八八

第二十五話　ワイナポトシの伝説（アンデスの山々の戦い）

ラパス市の東側には、イジマニ[注1]、ムルラタ[注2]、ワイナポトシ[注3]、イジャンプ[注4]などの、雪を頂いた山々が並び立っています。

遠く西方、チリとの国境にはサハマ[注5]がそびえ立っています。

これらの五つの山々には一つの伝説があります。


その昔、ワイナポトシは一人の若者だったといいます。

若者は、ベルニータという名の、美しい金持ちの娘に恋をしました。

娘には、ムルラタ、イジマニ、イジャンプ、サハマの四人の兄がいました。

ある日若者は、糸を紡いでいるベルニータを見ると近づいて言いました。

「ベルニータ、君がとても好きだ、僕と結婚しよう」

第二十五話　ワイナポトシの伝説（アンデスの山々の戦い）

「兄たちがうんとは言わないわ」

「お兄さんたちには、僕から話すさ」

そう言って若者は、ベルニータを自分の家に連れていきました。

ムルラタ、イジマニ、イジャンプ、サハマの四人の兄たちは、妹がワイナポトシと一緒になったのを知ると、とても腹を立てました。

四人は妹とワイナポトシを問いただすために、一羽のコンドルを呼びにやりました。

コンドルはワイナポトシを見つけると言いました。

「ワイナポトシ、ベルニータの兄たちは、お前たち二人が一緒になったのを知って、とても怒っている。二人ともすぐに来てわけを話せ、と言っている」

ワイナポトシはベルニータに言いました。

「お兄さんたちは、僕たち二人を連れてこいと言って、コンドルを使いによこした。一緒にお兄さんたちの所へ行こう」

「いやよ、兄さんたちは怒って私たちを殴るに決まっているわ。あなた一人で行ってらっしゃい」

ベルニータは、兄たちを恐れて行くのを断りました。


ワイナポトシは一人で、ベルニータの兄たちの所に行きました。

兄たちは一人ずつ、ワイナポトシを問いただしました。

「どうして一人で来た」

「お前は本当に心から妹を愛しているのか」

「どうやって妹を養うのだ」

「どうしてベルニータを俺たちに黙って連れ出したのだ」


ワイナポトシは答えました。

「そんなに怒らないでください。

生活の準備は大丈夫です。

家には金銀がたくさんあります。

仲人には、スマックオルコ[注6]を頼みました。

ソンゴ[注7]の地には、野菜も果物もふんだんにあります。家畜もたくさんいます」


三人の弟たちは、ワイナポトシの言葉に納得しました。

しかし、長男のムルラタは怒りを収めることができません。

「ワイナポトシ、今すぐに妹を連れてくるのだ」

「ベルニータは怖がって来たくないと言っています」

「なんで怖がる必要がある。

俺はお前たち二人と話したいのだ」


ムルラタはますます腹を立て、ワイナポトシにひどくばかにした言葉を浴びせつづけました。

ひどく見下され、ワイナポトシもとうとう怒りだしました。

ワイナポトシの怒ったのを見たムルラタは、
「若造のくせにずいぶん生意気なやつだ。
よし、どっちが強いか俺とお前で勝負してみよう。
逃げるなよ、今すぐにインカ[注8]たちを呼んでくるからな」
ムルラタはワイナポトシを挑発しました。
インカたちの助けも借りました。
ワイナポトシも負けてはいません。
「よし、俺だって負けるものか」

とうとう戦いが始まりました。
ムルラタはワイナポトシに飛びかかり、こぶしで殴りつけ、足で踏みつけました。
三人の弟たちもムルラタに加勢《かせい》して、ワイナポトシを殴りつけました。
ワイナポトシはひどく負傷しました。
傷ついたワイナポトシは最後の力をふりしぼり、投石器でもってムルラタをめがけ

て、力一杯石を投げつけました。

頭に石を投げつけられたムルラタは、血を流してその場に倒れました。

「アイイ……、アタタ……!!!」

戦いはワイナポトシの勝利に終わりました。

ムルラタの死んだのを見た三人の弟たちは、涙を流しながらすぐさま兄の遺体を運び出し、埋葬《まいそう》しました。

ムルラタの頭は、ビアッチャ[注9]の近くの、パン・デ・アスーカル[注10]に埋葬しました。

心臓はイジマニの近く、カスティージュゥマ[注11]という場所に永久に埋葬されたと、伝えられています。

はたして、ワイナポトシはベルニータと結婚したのでしょうか。

それはなにも伝えられておりません。

この出来事の後、サハマは他の兄弟たちと遠く離れ、マリヤ・アナジャクチ山[注12]と結婚したとも言われています。

この戦いで、以前は他のどの山よりも高かったムルラタは頭を飛ばされ、今のように頂上の平らな山になってしまった、と伝えられております。

第二十五話　ワイナポトシの伝説（アンデスの山々の戦い）

注釈

注1　イジマニ：ラパス市近郊のアンデス山脈の山。ラパスを象徴する山（標高六四六二メートル）。
アイマラ語で「豊かさをもたらす山」という意味がある。

注2　ムルラタ：ラパス市近郊の頂上の平らなアンデス山脈の山（標高五八六九メートル）。
アイマラ語で「削られた」という意味がある。

注3　ワイナポトシ：ラパス市近郊の頂上の尖ったアンデス山脈の山（標高六〇八八メートル）。
『ワイナポトシ』とは、ケチュワ語で「若さ、若いエネルギーの湧き出す所」という意味がある。

注4　イジャンプ：ラパス市近郊のアンデス山脈の山（標高六四八五メートル）。
アイマラ語で「稲妻」という意味がある。

注5　サハマ：ボリビアとチリの国境に位置するボリビア最高峰（標高六五四二メートル）。
アイマラ語で「行ってしまえ！　出て行け！」という意味がある。

注6　スマックオルコ：ケチュワ語で「美しい山、豊かな山」という意味がある。

注7　ソンゴ：ワイナポトシの山麓にある気候の温暖な谷間。

注8　インカたち：山の神々。ボリビア先住民族の文化では、古い日本と同様に、山には神が居て我々を見守っている、と信じられている。

注9　ビアッチャ：ラパス市に隣接する町。

注10　パン・デ・アスーカル：ビアッチャ近くの石の山。
スペイン語で「砂糖の丘、山」という意味。

注11　カスティージュマ：スペイン語（カスティージョ）とアイマラ語（ウマ）で「水の城」という意味。

注12　マリヤ・アナジャクチ山：サハマの向かいにそびえるアンデス山脈の山（標高五七五〇メートル）。

語り：ビタリアノ・トレス、マリヤ・デ・トレス、エドウィン、サンティアゴ、ビビアナ
ラパス県、ロス・アンデス郡、コラパタ村、ボリビア
アイマラの図書、物語八、『ワイナポトシの伝説』
サン・ガブリエル　ラジオ放送、ラパス、ボリビア、一九八九

第二十六話　カリシリ（人間の脂肪《しぼう》を抜く）伝説

サンティクとトマサ夫婦の家に、新しい朝が訪れました。

サンティクは、昨晩《さくばん》ひどく鼾《いびき》をかいて寝ていました。

妻のトマサは、そのことと昨晩見た夢を思い出し、夢は本当なのだろうか、それとも単なる思い過ごしだろうか、と思いにふけりました。

「どうにもいやな気分だわ。どうしたものだろう。変な夢を見たものだわ。夫はひどく鼾をかいて寝ていたし。

サンティク、起きなさい、とっくに日が昇っているよ。怖くなるほど鼾をかいていたよ。

私は怖くなったよ。変な夢を見たものさ」

「何を変なことを言っているのだ」

トマサは、夫に昨晩見た夢を話しました。

「一体どんな夢を見たんだ、話してみろ」

「良くない夢だったわ、それでとても悪い予感がするの。あなたと一緒に道を歩いていたの。そしたらあなたの荷物が無くなったの。探しているうちに私の荷物も無くなったの」

「なんでもないさ。夢に過ぎないさ。どうってことないさ」

夫は、妻の話をたいして気にも留めませんでした。


しかし、トマサは話し続けました。

「でもねえ、そしたら突然一頭のクマが夢の中に現れて、荷物を返してくれたわ。そのクマが荷物を盗んだの」

「それは良くない夢だな、俺もいやな気がする。一体何を意味しているのだろう」

「それでさ、明るい色の服を着て楽しく道を歩いたの。

そしたら、急に太陽が沈んで真っ暗闇になったの。とても嫌な夢だったわ」

「なんだろうなあ、俺もお前と同じようにいやな気分だよ。そのクマは一体何だろう」

それ以後、夫婦は沈んだ気持ちで日々を過ごしました。

「まったくお前の見た夢は変だなあ。でも日が経てば忘れるさ。泣くなよ、トマサ、夢に過ぎないさ。現実ではないさ」

サンティクの気持ちも沈みました。

トマサが泣かないためにそう言いながらも、トマサの夢の中で太陽が沈んで真っ暗闇になったことは、とても心を暗くしました。

「そうねえ、単なる夢だわねえ。信じるべきではないかもね」

やがて、サンタ・クルスのお祭りの日が来ました。

夫婦はお祭りに出かける準備をしました。

第二十六話　カリシリ（人間の脂肪を抜く）伝説

「サンティク、早く出かけましょう。サンタ・クルスのお祭りには行かないといけないわ」

「そうさ、早く準備をしなければ。新しい服を着て、着飾《きかざ》って行かないといけないよ、トマサ。

俺も新しいポンチョを羽織ってゆくよ、いいね」

「いいわ、見た夢の中のように着飾るわ。楽しく行きましょう」

「町は遠いから、急ごう」

こうして、夫婦は町のお祭りに出かけました。

サンタ・クルスの祭典《さいてん》は盛大《せいだい》で、サンティクとトマサはそれまで毎年出かけていました。


夫婦はお祭りのある町に着きました。

「とてもきれいね、踊っている人たちを見ると心がわくわくするわ」

「きれいだなあ、いろんな踊りのグループがいるな。どの辺で見ようか」

「やあ、サンティクさん」

「シモンさん、あんただったのか、驚いたよ」

突然、サンティクは一人の知り合いに出会いました。


「こんな所で知り合いと出会うなんて。

あなたの知り合いは酔っぱらっているわよ。どうしましょう」

「トマサさん、怒らないでください。一緒に話しましょう。少しだけお酒を飲みましょう。

今日はお祭りですよ」

「怒ってなんかいませせよ」

「サンティクさん、トマササさん、乾杯しましょう」

こうして、二人の男は飲み始めました。

トマサは、知り合いの男に腹を立てました。男はもう酔っぱらっていました。

サンティクとシモンは、とても酔っぱらいました。

でも、トマサは飲もうとしませんでした。

「サンティクさん、大いに飲みましょう。一年に一回きりですよ」

「女房《にょうぼう》は飲みたくないと言っています。ほうっておきましょう。

俺たちが飲んでいるのに怒っていますよ」

「我々だけで飲みましょう。何も考えないで飲みましょうよ」

「そうですとも、シモンさん。女が酔っぱらうのはみっともないですよ」

こうしてサンタ・クルスのお祭りで、二人の男は飲み続けました。

「シモンさん、飲み続けましょう。サンタ・クルスのお祭りは男のためのお祭りでしょう。

我々のお祭りですよ」

「男同士で飲みましょう。トマサにはジュースと飴玉《あめだま》でも買っておきましょう」

二人の男はへべれけに酔っぱらいました。

サンティクは、トマサのために甘いものを買いました。

トマサは、知り合いの男からの酒をうけつけませんでした。


夜になり、トマサは夫を家路へとうながしました。

「サンティク、どうしてこんなに酔っぱらったのさ。

いつまで飲み続けているのさ。もう真っ暗だよ、帰りましょう」

「そうだなあ、シモンさん、私たちはもう帰らないと」

こうして二人は家路につきました。

真っ暗闇の中、トマサは酔っぱらった夫を先へとうながしました。

「早く帰りましょう。家で何か起こっているかもしれないわ。何か悪い予感がするわ」

「さあ帰ろう。俺は誰とでも何処《どこ》へでも行くぞ、一人でも行くぞ。

怖がるな、俺と一緒だ。何も起こりはしないさ」

道中、突然見知らぬ男が現れました。

「あそこに、男と女が歩いているぞ。よし、今すぐに油を抜いてやるぞ、ははは。俺の手からもう逃げられないぞ。近づいてきたぞ。魂を呼んでやれ。獲物たちよ、こっちにおいで」


「トマサ、腹が痛い。ちょっと用を足しに行ってくるよ。すぐに戻ってくるから」

「行ってらっしゃい、私はここで待っているから」

その見知らぬ男はカリシリ[注1]でした。今、サンティクの魂を呼んだのです。

こうしてサンティクは、一人で見知らぬ男に近づいて行きました。


「おいで、おいで、こっちにおいで。どこから来たのだ」

「なんだ、こいつは、犬じゃないか。噛まないだろうなあ。どうしたのだろう、急に眠たくなってきた」

こうしてサンティクは、カリシリに呼ばれて川の方に下りていきました。

そこには一匹の黒犬がいました。

その犬は、カリシリが変わったものでした。

サンティクは、それを黒犬とばかり思っていました。

そこで、サンティクは急に眠気に襲われ、そこに倒れこみました。

カリシリはサンティクの体の油をすっかり吸い取りました。

妻トマサは、どうしたのだろう、と心配しながらサンティクを待ちました。


「これは良い油だぞ。ははは！」

「遅いわね、サンティクは一体どうしたんだろう。

やっと戻ってきたわ。まだ酔っぱらっているみたい。

夜中にあちこちとふらつくのが好きなのだから」

サンティクは、カリシリに腹を裂かれていました。

妻はそんなこととは知らず、長い間心配しながらサンティクを待ち続けたのです。

「どうしたの、こんなに長い間待たせて。早く行きましょう」

「トマサ、なんだか頭が痛い。早く家に帰ろう」

「こんなふうに夜中に歩き回るからですよ。だから飲まない方が良いのですよ。きっと冷えたのですよ。さあ、早く家へ帰りましょう」

「そうだなあトマサ、どうも変だ、急いで帰ろう」

こうしてトマサとサンティクは家へと急ぎました。

サンティクはカリシリに体の油を取られていました。

トマサはそれに気づきませんでした。

「トマサ、体中が震えて頭がガンガンする。あの川べりに行ってからずっとだ」

家に戻ると、サンティクは病の床に就きました。

家族は心配しました。

「旦那さんはどうしたの。とても悪いみたいよ。誰か医者を呼ばないと」

「とにかく医者を呼びなさい、トマサ。サンティクはひどく悪いみたい。とても心配だわ」

「どうなることかしら。祈祷師のティムクの所に行ってみるわ。彼なら治せるかも」

サンティクはカリシリに襲われて体の油を取られ、寝たきりになりました。

「どうしたのだ、サンティク。あんなに元気だったのに。手を見せてごらん」

「どうもこうもないわ。ティムクさん、あなたなら治してくれるわね」

「トマサ、サンティクはどこへ出かけたのだい。

夜中に何と出会ったんだい。旦那さんは様子がおかしい」

「道を歩いていると、一匹の黒い犬に出会ったの。それから頭が痛いと言い出したの」

そのとおりでした。

黒犬が現れたとき、彼はそっちに行ってはいけなかったのです。

「あっ、これはカリシリに油を取られた痕だ。ここの脇腹にその痕がある。どこでカリシリに会ったんだい」

「川の方に下りて行って、そのあと戻ってきたときは、もう様子がおかしかったの。きっとその黒犬がカリシリだったに違いないわ」

………………

「サンティクは体が冷たくなってきているぞ……」

「サンティク、聞こえるか！　サンティク！　……トマサ、サンティクは死んだ」

「サンティクが死んだ、どうすればいいの」

トマサは、泣き崩れました。

これは、アイマラ社会でよくある話です。
カリシリは、本当に存在するのでしょうか。単なる話に過ぎないのでしょうか。
人間の脂肪を抜いて、何に使うのでしょうか。
誰が本当の真実を知っているのでしょうか。

注釈

注1　カリシリ：アイマラ社会で、人間の脂肪を抜くと信じられている人物。植民地時代、スペイン人たちがインディオを殺して体の脂《あぶら》を抜き、その脂を温めて馬の関節に塗り、馬の関節病の治療に用いたのが起源とも言われる。

語り：テオドロ・ママニ、テオドラ・ロハス・デ・ママニ
ラパス県、マンコ・カパック郡、サカンパヤ村、ボリビア
アイマラの図書、物語十一、『カリシリ伝説』
サン・ガブリエル　ラジオ放送、ラパス、ボリビア、一九八九

24. 雹《ひょう》と雷《かみなり》
"Chhijchhimpi q'ixuq'ixumpi (El Granizo y el Rayo)"
Autor: Narciso Mamani, Canton: Karwisa, Provincia: Los Andes, Departamento: La Paz
Radio San Gabriel, "BIBLIOTECA DEL PUEBLO AYMARA, Cuento Nº 7", La Paz, Bolivia, 1988

25. ワイナポトシの伝説（アンデスの山々の戦い）
"Qaqäka Wayna Potosí qullun säwipa (Leyendas del Huayna Potosí)"
Autores: Vitaliano Torrez, María de Torrez, Edwin, Santiago y Vivana, Canton: Corapata, Provincia: Los Andes, Departamento: La Paz
Radio San Gabriel, "BIBLIOTECA DEL PUEBLO AYMARA, Cuento NO 8", La Paz, Bolivia, 1989

26. カリシリ（人間の脂肪《しぼう》を抜く）伝説
"Kharisiri"
Autores: Teodoro Mamani y Teodora Rojas de Mamani, Canton: Sampaya, Provincia: Manko Kapac, Departamento: La Paz
Radio San Gabriel, "BIBLIOTECA DEL PUEBLO AYMARA, Cuento Nº 11", La Paz, Bolivia, 1989

20. サカンパヤ村のチョケラ・カミリ
"Saq'ampaya Chuqila Qamiri"
Félix Layme Pairumani, "AMUYUNAKA (Mitología)", (Corregida y aumentada), 3ra. Edición 2014, La Paz, Bolivia
(Contó: Marina Alcázar, Cantón Cavari, prov. Inquisivi, 1996, grabó: Bruno Aguirre Quiñones, transcripción y recopilación: Félix Layme Pairumani)

21. 若者とヤマウズラ
"Waynampi P'saqampi"
Taller de Historia Oral Andina, "AYMARA SIWA SIWANAKA", 1992
Relator: Teófilo Fabrica Chambi, Comunidad: Piliwilki, Provincia: Alonso de Ibañez, Departamento: Potosí, Bolivia

22. 早起き鳥（雄鶏《おんどり》とプクプク）
"K'ank'mpi Pukupukumpi"
Taller de Historia Oral Andina, "AYMARA SIWA SIWANAKA", 1992
Relator: Eugenia Jaillita Q., Comunidad: Taraqullu, Provincia: Pacajes, Departamento: La Paz, Bolivia

23. 青い湖
"Asul Qhocha"
Daniel Cotari Gutiérrez, "QHESHWATA YACHAKUNA (Método Práctico de Qhechua)", Misión Luterana Noruega en Bolivia, Cochabamba, Bolivia, 1987

uka markaxa Jisk'a machaqankiwa, ukxa jilata *Casildo Condori*wa kastilla aruna mä jisk'a qillqt'atayna, ukata nayaxa aymara aruru suma jaqukipt'xtha).
“Tullqa Quta II”
Félix Layme Pairumani, “Wak'anaka”, Vol. I, 2012, La Paz, Bolivia
(WIÑAY sata qhichhwa pankata jikitawa, ukxa pä aruta yatichiri wakiyata, *MEC–UNICEF* Amtana, khaya 1994ni marana apst'atätaynawa. Qhichhwatxa mama *Concepción Copa*wa kastilla aruru jaqukipt'anxi, ukata nayaxa aymara aruru apst'anxaraktha).

18. 旦那さん、旦那さん
“Tata kura Tata”
Félix Layme Pairumani, “Wak'anaka”, Vol. I, 2012, La Paz, Bolivia
Casildo Condori, Ruth Flores, Encarnación Copa, Félix Layme, 1996

19. コンドルとハチドリ
“Kunturimpi Lulimpi”
Félix Layme Pairumani, “AMUYUNAKA (Mitología)”, (Corregida y aumentada), 3ra. Edición 2014, La Paz, Bolivia
(Escribó: Raul Chura Condori, prov. Omasuyos, Archivo JAYMA, recopilación: Félix Layme Pairumani)

14. フクロウ
“Tiptitiri jani ukaxa Qutquri”
Félix Layme Pairumani, “JAWARITANAKA”, 3ra. Edición electrónica 2012, La Paz, Bolivia
(Arusiri: Petronila Copa de Laime, 1982ni, aruqiri, qillqaqiri, wakichiri: FLP).

15. ヤマネコの飛び込んだ井戸
“Titintaya phuju”
Félix Layme Pairumani, “MUSPKAYANAKA”, 2da. Edición electrónica 2012, La Paz, Bolivia
Encarnación Quispe Paredes
(Archivo Jayma, 1983)

16. 小さな少女が旅人を泊めた話
Mä jisk'a imillawa saririnakaru qurpachatayna
Félix Layme Pairumani, “MUSPKAYANAKA”, 2da. Edición electrónica 2012, La Paz, Bolivia
(Contó: Petronila Huasco (76 años de edad a 1987), de Laja, grabación: María Andrea Quisbert, transcripción y recopilación: Félix Layme Pairumani)

17. 婿《むこ》の湖（第一話と第二話）
“Tullqa Quta I”
Félix Layme Pairumani, “Wak’anaka”, Vol. I, 2012, La Paz, Bolivia
(QHANTATAYITAta jikitawa, ukaxa payïri chinuna, mara t'aqa phaxsina, 1995ni marana, Qurpa markana apst'atawa,

"Arustanaka" 3ra. Edición 2013 (edición electrónica), La Paz, Bolivia
(Contó Margarita Cortéz Mamani, de Jawira Pampa, 1988. Según ella lo escuchó de la Radio Nacional de Bolivia, en los años 1970.)

11. アルカマリ
"Allqamari"
Félix Layme Pairumani, "AMTKAYANAKA", 3ra. Edición Revisada y aumentada, 2013, La Paz, Bolivia
(Contó: Arusiri: Pedro Pairumani Ramos, Sullkatiti, 1979, aruqiri, qillqaqiri, wakichiri: Félix Layme Pairumani)

12. 悪魔にこの肉の一切れを
"Supayataki mä jisk'a aycha"
Félix Layme Pairumani, "AMTKAYANAKA", 3ra. Edición Revisada y aumentada, 2013, La Paz, Bolivia
Melitón Mollesaca Apaza
(Tomado de JAYMA N° 65, 1992).

13. 男と死霊《しりょう》
"Chullpampi mä jaqimpi"
Félix Layme Pairumani, "JAWARITANAKA", 3ra. Edición electrónica 2012, La Paz, Bolivia
(Arusiri: Quintín Pairumani, 1982, aruqiri, qillqaqiri, wakichiri: Félix Layme Pairumani)

Félix Layme Pairumani,
"Arustanaka" 3ra. Edición 2013 (edición electrónica), La Paz, Bolivia
(Arusiri: Alejandro Mamani Quispe, Coana; aruqiri: Roxana Broun, 1991; qillqaqiri, wakichiri: Félix Layme Pairumani)

8. キツネとコンドル
"Khunu qulluna qhantatirinaka"
Félix Layme Pairumani,
"Arustanaka" 3ra. Edición 2013 (edición electrónica), La Paz, Bolivia
(Arusirinaka: Cristina Garay, Corocoro y Valentín Ajacopa, Jesús de Machaca; aruqirinaka: Betzabé Alvarez Garay y Félix Layme, 1987 y 1982; qillqaqiri, wakichiri: Félix Layme Pairumani)

9. キツネとヒョウ
"Tiwulaxa yatichirita sarantxatayna"
Félix Layme Pairumani,
"Arustanaka" 3ra. Edición 2013 (edición electrónica), La Paz, Bolivia
(Félix Layme Pairumani, en: 3PACHA, nº 79, pág. 3, La Prensa, jueves, 09.10.03, La Paz).

10. キツネとイヌ（太陽を追いかけたイヌと火を掴《つか》んだキツネ）
"Inti jalantata nina wiyaqaniri"
Félix Layme Pairumani,

4．二人の婿《むこ》
“Tullqanakana sarnaqatapa”
Félix Layme Pairumani,
“Arustanaka” 3ra. Edición 2013 (edición electrónica), La Paz, Bolivia
(Arusiri: Radio San Gabriel; Pedro Quispe Flores, 1989, Colonia Alto Lima, Alto Beni; aruqiri, qillqaqiri, wakichiri: Félix Layme Pairumani)

5．息子の嫁探し
“Taykaxa yuxch'a thaqhatayna”
Félix Layme Pairumani,
“Arustanaka” 3ra. Edición 2013 (edición electrónica), La Paz, Bolivia
(Arusiri: Teodora Juana Sanga, San Andres de Machaca; aruqiri: Felicidad Marina Sanga, 1986; qillqaqiri, wakichiri: Félix Layme Pairumani)

6．悪魔の子
“Supayana wawapa”
Félix Layme Pairumani,
“Arustanaka” 3ra. Edición 2013 (edición electrónica), La Paz, Bolivia
(Arusiri: Angel Melitón Paz Jarandilla, 1983, wakichiri: Félix Layme Pairumani)

7．袋を被《かぶ》せられたスズメ
“Amuyt'ayata jani katuqasirinaka”

翻訳した物語の原作一覧

1．キツネが天上の国へ行った話

"Alaxa Pacha saririnaka"
Félix Layme Pairumani,
"Arustanaka" 3ra. Edición 2013 (edición electrónica), La Paz, Bolivia
(Arusirinaka: María Suri, Loayza suyu, 1972 y Marcelino Pérez, Aruma suyu, 1980, wakichiri: Félix Layme Pairumani)

2．キツネがカチュワ（踊り）に行った話

"Tiwulaxa qhachhwiriwa saratayna"
Félix Layme Pairumani,
"Arustanaka" 3ra. Edición 2013 (edición electrónica), La Paz, Bolivia
(Arusirinaka: Tomasa Huanca y Victoria Poma Huanca, 1987, wakichiri: Félix Layme Pairumani)

3．放してください娘さん（ワシとフクロウ）

"¡Antutita kullakay!"
Félix Layme Pairumani,
"Arustanaka" 3ra. Edición 2013 (edición electrónica), La Paz, Bolivia
(Arusiri: Apolinar Ajacopa Laime, 1983; aruqiri, qillqaqiri, wakichiri: Félix Layme Pairumani)

ボリビアの地理、歴史および文化について参考とした文献

1. Radio San Gabriel, Instituto Radiofónica de Promoción Aymara, "SARNAKAWIPA (NUESTRA HISTORIA)", La Paz, Bolivia, 1980

2. Instituto Normal Superior Educacion Intercultural Bilingüe "Bautista Saavedra" Sntiago de Huata, "GUIA DE LECTURA Y ESCRITURA DE LA LENGUA AIMARA", La Paz, Bolivia, 2005

3. Radio San Gabriel, Instituto Radiofónica de Promoción Aymara, "CÓMO LEER Y ESCRIBIR LA "LENGUA AYMARA", La Paz, Bolivia, 2002

参考資料、参考文献

地図の作成に参考とした資料

1．”MAPA TURISTICO DE BOLIVIA”
Estado Plurinacional de Bolivia, Ministerio de Culturas y Turismo, Viceministerio de Turismo

2．”Mapa departamental de turismo, Cochabamba”
Gobierno Autónomo Departamental de Cochabamba, Bolivia

3．”MAPA DE COMUNICACIONES DE LA REPÚBLICA DE BOLIVIA”
Instituto Geográfico Militar, Departamento Cartográfico, La Paz, Bolivia, 1990

4．”Bolivia Guide”, MAPS FOR THE WORLD SUDOCCIDENTAL, UYUNI
Bolivianguide@gmail.com
TERCERA EDICION 2010

5．“Wikipedia”, la encyclopedia libre

フェリックス・ライメ・パイルマニ
Félix Layme Pairumani

www.aymara.ucb.edu.bo
flpjayma@yahoo.com

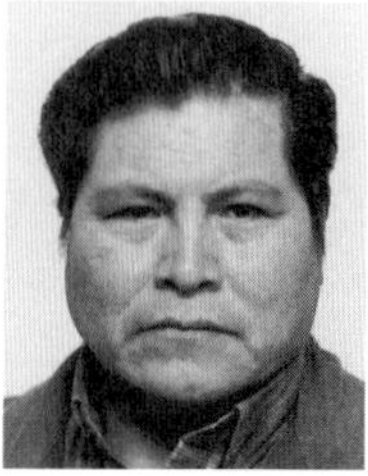

1949年、ボリビア、ラパス県、ヘススデマチャカ村、ティティリに生まれる。

1971年、ワリサタ高等師範学校を卒業。

中学、高校教師を経て、1983年から1988年までUMSA（ラパス国立大学）アイマラ語講師。

1984年から現在まで、UCB（ボリビアカトリック大学）アイマラ文化及び言語学教授。言語学名誉博士。

1998年、アイマラ語と文化に関する功績により、広島文化平和財団（ストックホルム）より世界賞を受賞。

1983年から1989年まで、INEL（国立言語研究所）の研究者。

先住民族三つの言語（アイマラ語、ケチュワ語、ワラニ語）による週刊新聞、『キンサパチャ』の編集長。

2000年から2001年まで、先住民の言語による出版物『ハイマ』の出版に携わる。

1989年から1992年まで、文化教育省とUNICEFの共同事業、二つの文化と言語による教育の研究に携わる。

アイマラ語教育、研究、小説など、アイマラ語とスペイン語による30冊以上の著書がある。

サン・ガブリエル　ラジオ放送、ラパス、ボリビア
Radio “San Gaburiel”

アイマラ語の普及と教育、アイマラ社会の発展を目指す、アイマラ語によるラジオ放送局。

物語の原作編集者

THOA（アンデスの語り部）、ラパス、ボリビア
Taller de Historia Oral Andina

アンデス地方各地に口承で伝わっている、言い伝え、物語を記録して残そうとする目的の研究会。

ダニエル・コタリ・グティエレス
Daniel Cotari Gutiérrez

1942年、ボリビア、ラパス県、カニャビリ町に生まれる。

UMSS（コチャバンバ国立大学）を卒業。

アイマラ語とケチュワ語の教育、研究者。

サンマルコス大学（リマ、ペルー）、コチャバンバ国立大学等の大学や高校、中学、その他の教育機関で長年ケチュワ語とアイマラ語の教育研究と普及に携わる。

アイマラ語スペイン語辞典、アイマラ語とケチュワ語の教育に関する著書がある。

訳者：
栗原　重太（くりはら　しげた）
Kurihara Shigeta
1953年、広島市に生まれる。
1993年よりボリビア在住。
ボリビアで測量士として働くかたわら、先住民族の言語・文化に興味を持ち、先住民の言葉、アイマラ語、ケチュワ語、ワラニ語を話す。

時空と共に　ボリビア先住民の民話

2024年7月15日　初版第1刷発行

原作編集者　フェリックス・ライメ・パイルマニ、THOA（アンデスの語り部）、ダニエル・コタリ・グティエレス、サン・ガブリエル　ラジオ放送
訳　者　栗原重太
発行者　瓜谷 綱延
発行所　株式会社文芸社
〒160-0022　東京都新宿区新宿1－10－1
電話　03-5369-3060（代表）
03-5369-2299（販売）

印刷所　株式会社フクイン

ISBN978-4-286-20219-8